알고 보면 더 재미있는
곤충이야기

알고 보면 더 재미있는 곤충 이야기

초판 1쇄 펴냄 2006년 12월 15일
　　 25쇄 펴냄 2024년 3월 22일

글 김태우 함윤미
세밀화 공혜진
일러스트 고상미

펴낸이 고영은 박미숙
펴낸곳 뜨인돌출판(주) | 출판등록 1994.10.11.(제406-251002011000185호)
주소 10881 경기도 파주시 회동길 337-9
홈페이지 www.ddstone.com | 블로그 blog.naver.com/ddstone1994
페이스북 www.facebook.com/ddstone1994 | 인스타그램 @ddstone_books
대표전화 02-337-5252 | 팩스 031-947-5868

ⓒ 2006 김태우, 함윤미, 공혜진

ISBN 978-89-92130-27-1 73490

어린이제품안전특별법에 의한 제품표시
제조자명 뜨인돌출판(주) **제조국명** 대한민국 **사용연령** 8세 이상

알고 보면 더 재미있는

김태우, 함윤미 글 | 공혜진, 고상미 그림

곤충이야기

뜨인돌어린이

곤충과 함께 어울려 사는 그 날을 꿈꾸며

이 책을 보는 여러분들은 곤충을 특히나 좋아하는 친구들일 거예요.

요즘에는 사슴벌레 같은 곤충을 집에서 키우거나 산에서 채집해 관찰하는 친구들을 자주 만날 수 있습니다. 또 곤충에 관한 책이 많이 나오고 인터넷에도 전문 사이트가 많이 생기는 것을 보면, 곤충에 대한 관심이 많아졌다는 생각이 들어 참 기쁩니다.

물론 아직도 곤충 탐사를 하다 보면 벌레를 징그러워하거나 무서워하는 친구들도 만나게 돼요. 하지만 그 친구들도 곤충을 직접 만져 보고 제가 해 주는 곤충 이야기를 듣고 나면 그때부터 곤충을 좋아하게 되지요. 그럴 때마다 저는 큰 보람을 느낍니다.

이 책에는 제가 숲에서 여러분들에게 다 들려주지 못한 많은 곤충 이야기가 들어 있어요. 어린이들은 대개 장수풍뎅이나 호랑나비처럼 크고 화려한 곤충을 좋아해요. 하지만 우리 주변에는 잘 알려지지 않은 희한한 곤충들도 많이 있답니다. 조그만 곤충 하나하나를 들여다보면 매우 놀랍고 신기한 사연들이 숨겨져 있지요. 그런 자연의 비밀을 알아 가는 것은 참으로 재미있는 일입니다.

예전에는 곤충이라고 하면 징그러운 벌레(버러지)를 먼저 떠올렸습니다. 그도 그럴 것이 잡고 또 잡아도 없어지지 않는 바퀴벌레나 사람과 가축의 피를 빨아대는 벼룩 등이 많았으니까요. 여러분이 태어나서 제일 처음 만난 곤충도 사람에게 이로움을 주는 곤충보다는 모기와 같은 해충이었을 거예요. 하지만 이제 곤충에 대한 인식이 많이 달라졌답니다. 풀밭을 깨끗하게 만들어 주는 쇠똥구리나 천연 농약인 무당벌레 등 우리에게 도움을 주는 곤충도 많다는 것을 알게 된 것이지요. 곤충은 또한 무궁무진한 천연자

원으로도 환영받고 있답니다.

　너무나 안타까운 것은 우리 주변에서 점점 사라져 가는 곤충들이 많다는 거예요. 예전에는 집 근처 아무 데서나 볼 수 있었는데, 요즘은 일부러 찾아봐도 잘 안 보이더군요. 이것은 우리가 모르는 사이에 환경이 조금씩 변하고 있다는 증거예요. 벌레가 없어져서 좋다고 하는 사람도 있지만, 사실 집먼지진드기나 파리, 모기 등 집에 숨어 사는 해충들은 오히려 늘어나고 있습니다. 원래 여러 곤충이 어울려 사는 곳이 사람이 살기에도 좋은 곳이거든요.

　이 책을 읽는 여러분들처럼 곤충을 좋아하는 친구들이 많아졌으면 좋겠어요. 작은 관심이 모이다 보면 언젠가는 아파트 화단이나 공원에서도 많은 신기한 곤충들이 어울려 살고 있는 모습을 보게 되겠지요? 그런 날이 어서 오기를 기대해 봅니다.

2006년 12월 김태우

차례

1. 지구의 주인, 곤충

곤충의 생김새―생김새와 종 나누기 · 12

곤충의 특징―곤충의 변화와 탈바꿈 · 14

곤충에 관한 기본 상식―곤충의 집, 겨울나기 · 16

2. 여러 모로 고마운 곤충

꽃밭을 누비는 꿀 채집가 _ 꿀벌 · 20
구린내로 유혹하네 _ 노린재 · 24
시원한 네 노래, 다시 들려 줘 _ 애매미 · 28
진딧물을 먹는 살아 있는 농약 _ 무당벌레 · 32
깨끗한 풀밭, 내게 맡겨 줘 _ 뿔쇠똥구리 · 36
꿀보다 진딧물이 더 맛나 _ 바둑돌부전나비 · 40

곤충 박사님이 들려주는 곤충 이야기 : 이거 곤충 맞아? · 44
나도 미래의 곤충 박사 : 곤충 채집하러 가자! · 46

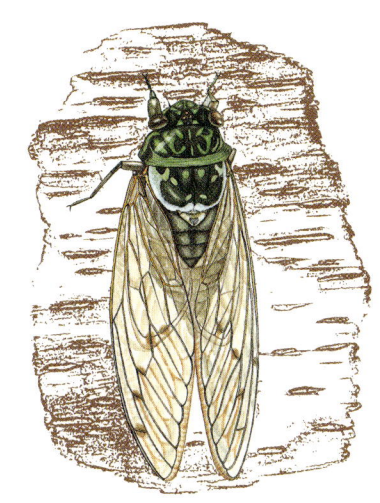

3. 물고 뜯고 해로운 곤충

한여름 밤의 불청객 _ 모기 · 50
뛰어 봤자 벼룩이라고? _ 벼룩 · 54
라쿠카라차 강인한 생명력이여 _ 바퀴 · 58
부지런한 사고뭉치 _ 애수시렁이 · 62
황금 들판은 나의 놀이터 _ 벼메뚜기 · 66

곤충 박사님이 들려주는 곤충 이야기 : 특종! 곤충 기네스 · 70
나도 미래의 곤충 박사 : 내 손으로 곤충 표본 만들기 · 72

4. 곤충의 사랑

세상에서 가장 따뜻한 등 _ 물자라 · 76
엄마의 희생으로 세상을 보다 _ 집게벌레 · 80
눈코 뜰 새 없는 자식 사랑 _ 쌍살벌 · 84
사랑은 표현하는 것 _ 잠자리 · 88
사랑은 반짝반짝 빛을 타고 _ 반딧불이 · 92

곤충 박사님이 들려주는 곤충 이야기 : 같은 종류의 나비인데 왜 계절에 따라 모양이 달라요? · 96
나도 미래의 곤충 박사 : 곤충 관찰일지를 쓰자! · 98

5. 곤충의 갖가지 무기

뜨거운 독가스 맛 좀 볼래? _ 폭탄먼지벌레 · 102
날쌘 곤충 사냥꾼 _ 왕파리매 · 106

독을 품고 살지만 _ 남가뢰 · 110
죽음의 덫, 걸리면 저승길 _ 개미귀신 · 114
다 덤벼! 침으로 쏘아 줄 테다 _ 말벌 · 118

곤충 박사님이 들려주는 곤충 이야기 : 곤충과 벌레의 차이를 알고 싶어요 · 122
나도 미래의 곤충 박사 : 내 손으로 곤충 키우기 · 124

6. 이제는 사라져 가는 우리의 곤충들

무시무시한 물고기 살인자 _ 물장군 · 128
반짝반짝 고와라 _ 비단벌레 · 132
나무 숲의 슬픈 전설 _ 장수하늘소 · 136
제주도에만 살아요 _ 두점박이사슴벌레 · 140
작고 귀엽고 소중하여라 _ 꼬마잠자리 · 144

곤충 박사님이 들려주는 곤충 이야기 : 누가누가 깨끗한 곳에 사나? · 148
나도 미래의 곤충 박사 : 종이로 곤충 모양 접기 · 150

찾아보기 · 152

세밀화 카드

1장

지구의 주인, 곤충

● 곤충의 생김새 ●

생김새와 종 나누기

　지구에 사는 곤충의 수는 헤아릴 수 없을 정도로 많습니다. 그 곤충들이 어디에서 무얼 먹고 사는지 밝혀지지 않은 것도 정말 많지요. 사람이 일일이 관찰하고 기록한 것이 전해져 오늘날까지 내려오고 있고, 지금도 그런 작업이 행해지고 있습니다.
　지금까지 알려진 바에 의하면 동물의 80% 정도가 곤충입니다. 사람도 동물의 한 종인데, 곤충의 전체 종수는 300만이 넘는다고 하니 정말 대단합니다.
　우리나라의 경우 1860년대에 이르러서야 곤충에 현대적인 이름을 붙이기 시작했는데, 현재까지 밝혀낸 것이 약 1만 2천여 종입니다. 그러나 알아내지 못한 곤충도 많이 있을 것으로 추정하고 있지요.
　그나저나 이렇게 많은 곤충을 어떻게 구분할 수 있을까요? 다행히 곤충학자들이 곤충을 생김새나 특징별로 분류해 놓은 것이 있습니다.
　모든 생물은 '종'이라는 단위로 분류되고, 종 위에는 조금 더 넓은 범위인 '속'이 있습니다. 그리고 '과'들이 모여 '목'을 이루게 되지요. 또 목이 모여 '강'을 이루게 됩니다.
　이렇게 동·식물 가운데 비슷한 특징이 있는 것을 모아 놓고 단계를 나누는 것을 '계통분류'라고 합니다. 가장 큰 무리부터 '계〉문〉강〉목〉과〉속〉종'으로 나누어 부르지요.
　이런 곤충들은 제각기 개성 있는 모습을 하고 있지만 공통된 부분도 있습니다. 곤충들의 생김새를 살펴보며 공통점을 찾아보도록 하죠.

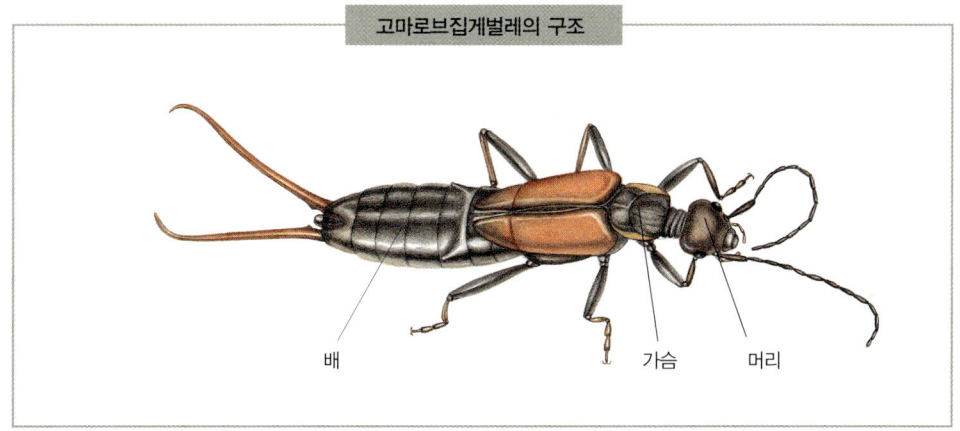

고마로브집게벌레의 구조

배　　가슴　머리

　곤충은 머리, 가슴, 배 세 부분으로 나누어져 있습니다.
　머리에는 눈과 더듬이 같은 감각기관이 몰려 있고, 가슴에는 다리와 날개가 붙어 있습니다. 배에는 호흡기관이나 생식기관 따위가 있습니다.
　다리의 수만 세어 보아도 곤충인지 아닌지 구분할 수 있어요. 곤충은 다리가 3쌍입니다.
　곤충의 피부는 우리처럼 말랑말랑하지 않고 딱딱합니다. 이것은 심장 등의 내장기관을 보호하기 위해서입니다. 피부가 딱딱하면 몸의 수분 증발을 막을 수 있고 흡수를 조절할 수 있으며, 몸속에 적절한 수분도 유지할 수 있지요.
　또 곤충의 몸은 가벼운 재질로 되어 있어 재빠르게 움직일 수 있습니다.
　두 쌍의 날개도 곤충의 특징 가운데 하나입니다. 물론 모든 곤충이 날개가 있는 것은 아닙니다. 개미나 벼룩 등은 날개가 퇴화되었고 파리는 한 쌍의 날개만 있습니다. 이들을 뺀 나머지 대부분의 곤충들은 날개로 공중을 날아다닙니다.
　곤충들은 팔 역할을 하는 앞다리와 날개가 따로 있어서 앞다리를 움직이면서도 날아다닐 수 있습니다. 날개만 있고 앞다리가 없는 새들이나, 팔만 있고 날개가 없는 인간에게는 부러운 대상이지요.

● 곤충의 특징 ●

곤충의 변화와 탈바꿈

곤충이 처음 생긴 것은 약 4억만 년 전입니다.

이때 처음 등장한 것이 새우·게 같은 갑각류인데, 이들이 바로 곤충의 조상입니다. 닮은 데가 없어서 고개를 갸우뚱하는 친구들이 있을지 모르지만, 딱딱한 껍데기가 피부 역할을 하는 점은 오늘날의 곤충과 크게 다르지 않습니다.

그 뒤에 육지 환경에 적응해 가면서 오랜 기간 곤충의 몸도 조금씩 변화했습니다. 천적들의 공격을 피하기 위해 날개가 만들어지고, 좀 더 빨리 도망가기 위해 몸도 작아지고 가벼워졌지요. 어떤 곤충들은 환경의 변화에 적응하지 못해 멸종하기도 했습니다. 그러나 이러한 조건들을 갖춘 곤충들은 변화에 적응하면서 종족을 유지해 왔습니다.

화석을 보면 곤충이 어떻게 변했는지 알 수 있습니다. 화석은 동·식물이 돌이나 흙 속에 묻히면서 뼈 자국 따위의 흔적을 남기는 것을 말합니다.

지금까지 발견된 곤충 화석중 가장 오래전에 살았다고 추정되는 것은 리니엘라 프레큐솔(Rhyniell praecursor)입니다. 이것은 곤충의 일종인 톡토기의 하나인데, 지금으로부터 약 4억 년 전인 데본기 중기층에서 발견되었습니다. 그 뒤 1억 년이 지난 석탄기 후기에는 날개가 달린 하루살이나 잠자리의 화석도 발견되었지요.

그 기나긴 세월 동안 곤충은 날개가 없는 곤충에서 날개가 있는 곤충으로 변했습니다. 날개가 있는 곤충은 잘 날지 못하는 곤충에서 잘 나는 곤충으로, 잘 나는 곤충은 불완전탈바꿈을 하는 곤충에서 완전탈바꿈을 하는 곤충으로 변했지요.

 탈바꿈이란, 시간이 지남에 따라 원래의 모습이나 형태가 바뀌는 것을 말합니다. 곤충의 경우에는 애벌레가 번데기를 거쳐 어른벌레로 성장하는 것입니다. 그 가운데 완전탈바꿈은 '알-애벌레-번데기-어른벌레'의 네 과정을 모두 거치는 것을 말하죠. 나비, 벌, 딱정벌레 무리 따위는 완전탈바꿈을 합니다.

 불완전탈바꿈은 완전탈바꿈과 달리 애벌레에서 번데기로 넘어가지 않고 허물을 벗으면 곧바로 어른벌레가 되는 것을 말합니다. 잠자리, 메뚜기, 매미 등이 불완전하게 어른으로 성장하는 종류입니다.

 또 탈바꿈을 하지 않는 곤충도 있습니다. 톡토기나 좀 등은 생김새가 달라지지 않고 몸의 크기만 성장하는데, 이런 것을 무탈바꿈이라고 합니다.

 뿐만 아니라 지나치게 변신을 시도하는 곤충들도 있습니다. 이를 '과탈바꿈'이라고 하는데, 가뢰나 사마귀붙이 따위가 여기에 속합니다. 이들은 완전탈바꿈 과정에서 애벌레 시기에 다른 곤충보다 한두 번 더 변하는 과정을 겪습니다. 그래서 녀석들의 모습은 시시각각 변합니다.

 이렇듯 곤충들이 탈바꿈을 하며 성장하는 데는 그럴 만한 까닭이 있습니다. 곤충들의 몸은 단단한 껍데기가 덮고 있기 때문에 한 번 몸이 굳어지면 성장하는 데 어려움이 있지요.

● 곤충에 관한 기본 상식 ●

곤충의 집, 겨울나기

　사람은 엄마 뱃속에서 태어나지만 곤충들은 알에서 깨어납니다. 곤충의 알은 종류에 따라 크기나 색깔이 다르지만 대부분 쌀알처럼 둥글거나 타원형으로 생겼습니다.
　알 속에서 태어난 애벌레는 먹는 데 열을 올립니다. 잘 먹어서 영양을 듬뿍 섭취해야 어른벌레가 될 수 있기 때문이에요. 이들이 주로 좋아하는 먹이는 식물의 잎이나 줄기입니다. 이 때문에 농작물이 해를 입기도 하지만 생태계 균형이 이루어지지요.
　한동안 먹을 것에만 열을 올리던 애벌레는 어느 순간 꼼짝하지 않습니다. 어른벌레로 변신하기 전 단계인 번데기가 되기 위해서예요. 번데기가 되면 먹지도 않고 움직이지도 않습니다. 한동안 그렇게 지내야 하기 때문에 번데기가 되기 전에 안전한 장소를 찾는 것이 중요하지요. 어떤 애벌레는 고치를 만들어 그 안에서 번데기가 되기도 하고, 나무 속이나 땅속 또는 나무껍질 안에서 번데기 시기를 나는 녀석들도 있습니다. 이들은 그곳에 넓고 안전한 방을 만들어 생활합니다.
　반면 불완전탈바꿈을 하는 곤충들은 계속 허물을 벗어가며 몸집을 불려나갑니다. 그런 과정을 거쳐야 어른벌레가 될 수 있거든요.
　어른벌레가 되면 자신과 가족들을 위해 집을 짓기도 합니다. 새끼를 기르고 보호하기 위한 집, 먹이를 잡기 위한 집 그리고 천적으로부터 자신을 지키기 위한 집을 짓는 것입니다.

예를 들어 벌이나 개미들은 새끼를 키우고 조직생활을 하기 위해 돌 틈이나 나무, 땅속에 집을 만듭니다. 그런데 벌이나 개미처럼 집을 짓는 곤충보다 집 없이 떠도는 곤충들이 더 많다고 합니다.

어떤 곤충들은 나름의 무기를 가지고 천적의 공격을 막기도 하고, 또 어떤 곤충들은 나뭇잎이나 나뭇가지와 비슷한 몸으로 천적들이 찾지 못하게 합니다. 비단벌레 같은 경우는 반짝이는 몸체가 햇볕에 반사되면서 천적인 새들의 공격을 피하고, 무당벌레의 화려한 등딱지는 천적들에게 '먹지 말라'고 경고하는 역할을 합니다.

이처럼 먹고 먹히는 곤충들의 생활도 겨울이 되면 잠잠해집니다. 곤충은 종에 따라 움직이기에 알맞은 온도를 가지고 있거든요. 보통 섭씨 20~30도에서 가장 활발하고, 10도 아래일 때는 움직임이 둔해집니다.

이렇게 추위가 계속되면 곤충들의 겨울나기가 시작됩니다. 가장 중요한 것은 보온이지만, 이때도 천적의 눈에 띄지 않도록 숨는 것이 중요합니다. 다행히 알이나 애벌레로 겨울을 나는 종류는 추위를 막는 물질로 싸여 있거나 낮은 온도를 막는 물질을 가지고 있습니다. 이것은 몸이 얼어서 세포가 파괴되는 것을 막아 줍니다.

곤충은 일반적으로 먹이 식물 속이나 그 근처에서 겨울을 지내는 경우가 많습니다.

여러 모로 고마운 곤충

꽃밭을 누비는 꿀 채집가

꿀벌

우리나라에서 양봉을 처음 시작한 것은 고구려 시대 때 중국에서 벌을 들여오면서부터라고 합니다. 양봉은 꿀을 얻기 위해 벌을 키우는 것을 말해요. 그것이 약 2,000년 전 일이니 우리가 벌을 가까이 하고 꿀을 먹게 된 것도 꽤 오래된 셈이죠.

"꿀벌 똥구멍에서 꿀이 나온대."
어릴 적 친구들 사이에서는 꿀벌 꽁무니에 꿀이 있다는 소문이 퍼져 있었죠.
장난꾸러기였던 저는 친구들과 벌을 찾아 들로 산으로 뛰어다녔습니다. 그러다가 결국 한 친구가 벌침에 혀를 쏘이는 사건이 벌어졌지요. 꿀벌 똥구멍에서 꿀이 나온다는 말을 철썩같이 믿은 그 친구는 벌을 잡아 꽁무니를 입 속에 넣은 것입니다.
울며불며 집으로 내달리던 친구를 보면서 참 안됐다는 생각을 했지만, 그때까지만 해도 벌침에 쏘이면 얼마나 아픈지 잘 몰랐습니다.
그런 일이 있고 얼마 뒤 죽은 어리호박벌을 손에 올려놓고 요리조리 살피고 있는데 갑자기 손이 따끔했습니다.
죽은 벌이라 안심해도 된다고 생각했는데 그것이 아니었습니다. 곤충은 신경계가 나누어져 있어서 단숨에 죽지 않고 배만 살아 있어도 침을 쏠 수 있습니다. 덕분에 저는 그 날 벌침의 위력을 톡톡히 알 수 있었습니다. 통통 부어오르는 손을 보면서요.
꿀벌은 세계적으로 네 종류로 나눌 수 있습니다. 유럽 및 아프

꿀벌

- ● 과명 : 벌목 꿀벌과
- ● 종류 : 양봉꿀벌, 재래꿀벌 등
- ● 먹이 : 꽃가루, 꿀
- ● 길이 : 13~17㎜
- ● 사는 곳 : 나무나 바위 틈

꿀을 모으러 나서는 일벌들

다른 곤충의 몸에 알을 낳는 맵시벌

리카가 원산지인 양봉꿀벌과 크고 성질이 거친 큰꿀벌, 몸이 작은 작은꿀벌 그리고 우리나라를 비롯하여 아시아에 사는 재래꿀벌입니다. 우리나라의 토종벌이 바로 재래꿀벌에 속합니다.

토종벌은 서양꿀벌에 비해서 꿀을 만들어 내는 능력은 좀 떨어지지만, 추위를 잘 견디는 장점이 있습니다. 또 일 년에 한 번, 서리가 내린 뒤 벌의 활동이 멈춘 다음 꿀을 따기 때문에 다른 꿀에 비해 훨씬 달고 맛있다고 합니다. 하지만 몸집이 작아서 양봉꿀벌과 싸우면 지는 경우가 많지요.

벌은 상당히 잘 짜인 단체 생활을 합니다.

크게 여왕벌·수벌·일벌로 나누어지는데, 그 가운데 꿀을 모아오는 것은 일벌들의 몫이에요.

일벌은 몸길이 13밀리미터 정도로 여왕벌과 수벌에 비해 작지만 가장 부지런합니다. 집 짓기, 집 청소, 애벌레 키우기, 꿀과 꽃가루 모으기 등 온갖 허드렛일을 도맡아 하지요.

이 친구들이 1킬로그램의 꿀을 만들기 위해서는 6,400만 개의 꽃을 찾아다녀야 합니다. 하루 종일 눈코 뜰 새 없이 바쁘죠. 그렇게 힘들게 일만 하니 일벌들은 몇 주일 못 버티고 과로로 죽고 말아요.

수벌은 번식기에만 나타납니다. 일벌처럼 과로할 일은 없지만 수벌에게도 한 가지 괴로운 일이 있습니다. 여왕벌을 차지하기 위해 수백 마리나 되는 형제들과 경쟁을 해야 하는데 막상 짝짓기가 끝나면 곧 죽는다는 것이지요.

여왕벌은 보통 벌집 하나에 한 마리씩 있습니다. 3~5년 정도 살고, 몸길이는 17밀리미터쯤 됩니다. 여왕벌이 잘하는 것은 알 낳기입니다. 하루에 1,000~1,500개나 되는 알을 낳으니, 일벌들이 여왕벌을 위해 애쓸 만하지요? 여왕벌이 없다면 그 많은 벌들도 있을 수 없으니까요.

벌은 빨간색을 못 본다고?

벌은 빨간색을 구분하지 못해요. 그래서 빨간 꽃을 봐도 시큰둥합니다. 벌의 눈에는 빨간색이 거무튀튀하게 보이지요. 그러니 빨간 꽃이 얼마나 맛없어 보이겠어요. 우리도 맛없는 음식에는 손이 안 가는 것처럼 벌들도 맛없어 보이는 빨간 꽃에는 앉지 않습니다. 여러분도 직접 확인해 보세요. 꽃밭에 여러 색깔의 꽃이 있으면, 벌들은 빨간 꽃은 빼고 날아갑니다.

물가에서 목을 축이고 있는 꿀벌

그 대신 벌은 노랑과 파랑을 비롯해 주홍빛이나 보랏빛을 잘 구별합니다. 또 사람이 보지 못하는 자외선도 볼 수 있고요. 이 같은 결과는 독일의 프리슈 박사가 실험을 해서 얻어낸 것입니다.

구린내로 유혹하네

노린재

 방귀 냄새는 참 고약합니다. 특히 막힌 공간에서 나는 방귀 냄새는 기분을 몹시 상하게까지 하죠. 곤충들 중에서도 구린 녀석이 몇몇 있습니다. 노린재가 그 중 하나인데요, 녀석의 방귀 냄새는 당해 본 사람이 아니면 짐작하기 어려울 정도로 구립니다.

 어렸을 때 산에서 딸기를 따 먹은 적이 있습니다. 딸기에 작은 노린재가 붙어 있는 것을 모르고 입에 넣었다가 순간 숨이 턱 막혔습니다. 녀석이 순식간에 뿜어낸 고약한 냄새를 고스란히 맡았지요.

 이처럼 노린재는 자기를 지키기 위해 엄청난 구린내를 풍깁니다. 그 냄새 때문에 노린재에게는 가까이 다가가기가 어렵습니다.

 그런데 참 이상한 일도 다 있지요? 자기가 뿜어낸 냄새 때문에 자기가 죽는 경우도 있으니까요. 냄새를 풍긴 노린재를 작은 필름통에 가두어 놓았더니, 자기 냄새에 자기가 질식해서 죽더라고요. 처음에는 믿어지지 않았습니다. 그런데 몇 번 실험과 관찰을 해본 결과 사실이었습니다. 노린재의 종류에 따라서 성분이 조금 다르기는 하지만, 어떤 노린재의 냄새는 계속 맡다 보면 두통이 생길 수도 있습니다.

 하지만 노린재의 그 지독한 구린내도 새들에게는 별 소용이 없나 봅니다. 새는 무슨 일 있냐는 듯 노린재를 먹어 치우죠. 실제로 새는 노린재의 냄새를 느끼지 못한대요. 그 냄새는 사람을 포함한

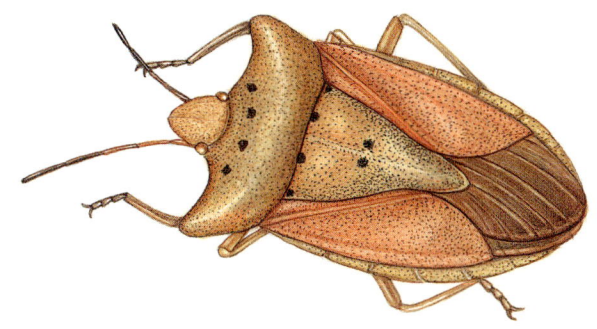

열점박이노린재
- ● 과명 : 노린재목 노린재과
- ● 먹이 : 식물, 작은 곤충
- ● 길이 : 1.1~65㎜
- ● 사는 곳 : 산지
- ● 같은 과 곤충 : 풀색노린재, 광대노린재 등

몇몇 동물에게만 효과가 있는 것 같습니다.

　사실 노린재의 냄새는 방어나 공격보다는 동료에게 위험을 알리는 데 더욱 효과적입니다. 주변에서 어떤 노린재가 냄새를 풍기면 다른 노린재들은 적이 나타났다는 것을 알아챕니다.

　또 수컷 노린재가 뿜어내는 구린내는 암컷을 유혹할 때 유용하게 쓰입니다. 지독한 냄새를 풍긴다고 암컷이 싫어할 것 같지만, 노린재 방귀에는 이성을 끄는 '페로몬'이라는 물질이 있어서 암컷들에게 인기가 좋아요.

　냄새를 많이 풍기는 노린재는 우리나라에만 약 500여 종류가 있습니다. 색깔은 녹색이나 갈색을 띠고, 물속이나 물가, 땅 위 등 다양한 곳에서 살고 있습니다. 생김새는 종류별로 차이가 크고, 몸집도 1.1~65밀리미터로 다양합니다.

　대부분 식물 잎사귀의 즙을 빠는 초식성이고, 100여 종 정도만 곤충을 먹고 사는 육식성입니다.

　일부 노린재들은 모성애가 지극합니다. 우리나라에 사는 노린재 가운데 새끼를 보호하는 종은 10여 종 정도 있습니다. 특히 뿔노린재과에 속하는 노린재에게서 이런 모습을 자주 볼 수 있지요.

알에서 금방 태어난 썩덩나무노린재의 애벌레들

　푸토니뿔노린재의 암컷은 산뽕나무 잎 뒷면에 알을 낳고, 알이 부화될 때까지 움직이지 않고 지킵니다. 적이 가까이 다가오면 몸을 마구 흔들어 알을 보호하죠. 알이 애벌레가 된 뒤에도 한동안은 떠나지 않습니다.

에사키뿔노린재

꼬마뿔노린재의 경우는 애벌레가 어른벌레가 될 때까지 어미가 근처에서 늘 챙겨 줍니다. 등에 하트 무늬가 있는 에사키뿔노린재도 나쁜 냄새를 풍겨 적이 다가오지 못하게 합니다. 또 무더운 날에는 새끼들에게 물을 적셔 식혀 주기도 하고요.

냄새는 고약하지만, 정성 들여 자식을 키우는 노린재를 보면서 '어머니는 위대하다'는 사실을 다시 한 번 느낍니다.

노린재와 매미는 친척 사이

요즘은 노린재와 매미를 따로 구분하지만 옛날에는 노린재가 매미목에 속해 있었답니다. 그만큼 노린재와 매미 무리 사이에는 비슷한 점이 많아요.

크게 닮은 부분은 뾰족한 주둥이예요. 둘 다 주사침처럼 생긴 주둥이를 식물에 꽂고 즙을 빨아먹어요. 몇몇 종류는 동물의 체액을 빨기도 하고요.

서로 다른 부분은 날개 모양이에요. 노린재의 날개는 위쪽 반은 딱딱하고, 아래쪽 반은 비닐 같은 막으로 되어 있어요. 매미는 전체가 막으로 되어 있고요. 이런 이유로 노린재와 매미를 따로 분리하게 된 것입니다.

무엇보다 이들은 우리에게 많은 도움을 준다는 공통점이 있어요. 해충을 쫓거나, 화장품, 의약품, 식품 등 여러 분야에서 많은 활약을 펼치고 있답니다.

시원한 네 노래, 다시 들려 줘

애매미

여러분은 여름 하면 가장 먼저 무엇이 떠오르나요?
수영장, 팥빙수, 바다…….
소낙비처럼 시원하게 울어 대는 매미는 어떤가요?

여름 내내 울어 대는 매미가 수컷이라는 사실, 혹시 알고 있었나요? 암컷은 울지 못해요.

이 사실을 몰랐던 어린 시절에는 암컷 매미를 잡아 놓고 울 때까지 기다린 적이 있었습니다. 당연히 하루가 꼬박 지나도록 매미는 울지 않았지요. 백과사전을 찾아보고서야 그 매미가 암컷인 줄 알았습니다. 얼마나 허무하던지.

수컷 매미가 울 수 있는 것은 배에 있는 '공명실' 덕분입니다. 공명실은 수컷 배의 대부분을 차지하고 있는데, 공명실 위쪽에 붙은 발음판이 울리는 소리를 더욱 크게 하는 역할을 합니다.

암컷은 발음기관이 없습니다. 암컷의 배에는 알을 낳기 위한 산란관과 알을 밸 공간만 있지요.

그러면 매미 가운데 가장 멋진 노래를 부르는 것은 누구일까요?

우리나라에는 참매미, 말매미, 털매미를 비롯하여 15여 종의 매미가 있습니다. 그 가운데 애매미는 다른 매미와 달리 오랫동안 여러 가지 음을 내는 것으로 알려져 있어요.

처음에는 '쯔잇 쯔잇~쯔 짓짓짓' 하며 울다가 중간중간 새로운 음을 넣어가며 노래를 부르지요.

각각의 매미들은 일정한 주파수 안에서 소리를 내는데, 애매미

참매미
- ● 과명 : 매미목 매미과
- ● 먹이 : 나무수액
- ● 길이 : 몸길이 수컷 30㎜, 암컷 26㎜
- ● 사는 곳 : 들판, 숲
- ● 같은 과 곤충 : 털매미, 유지매미, 말매미 등

는 그 범위가 꽤 넓어서 여러 가지 멋스러운 노래를 부를 수 있어요. 그 폭이 984~1만 2,480헤르츠(Hz)나 됩니다. 그렇게 넓은 음폭으로 보통 30초 정도에 한 곡을 끝내고, 같은 노래를 반복하는 식이지요.

애매미는 우리나라 곳곳에서 발견됩니다. 주로 낮은 나무에서 울고, 한 번 울고 나면 가까이 있는 나무로 옮겨가 또 울어요. 번식력도 강하고, 환경 변화에도 적응이 빨라 1999년도 이후에 수가 굉장히 많아졌습니다.

하지만 많다고 해도 여름이 아니면 매미를 만나는 일은 쉽지 않아요. 매미는 대부분의 시간을 땅에서 보내고 나무로 올라오기 때문에 우는 시간이 상당히 짧습니다. 올라온 매미는 나무줄기에 매달려 탈피(날개돋이)를 하고 보통 2~3주 정도 울다가 죽고 말지요.

애매미를 비롯한 보통 매미들은 3~5년 정도 땅속에서 생활합니다. 그리고, 유지매미의 경우는 6~7년 동안 땅속에서 애벌레 상태로 있다가 땅

위로 올라옵니다.

　수컷의 울음소리에 이끌린 암컷은 수컷과 만나 짝짓기를 합니다. 그런 다음 산란관을 이용해 나무줄기 안에 구멍을 뚫고 알을 낳지요. 한 나무에 30~40군데 구멍을 내는데 한 번에 5~10개의 알을 낳습니다. 알은 흰빛을 띤 기다란 모양으로 나무 틈에서 겨울을 난 뒤 여름에 깨어납니다.

　매미가 우리 곁에 머무는 시간이 너무 짧은 것을 생각하면 안타깝지만, 그래서 더욱 반갑게 느껴지는지도 모릅니다.

수컷이 우는 데는 이유가 있다!

수컷 매미의 울음은 몇 가지로 나눌 수 있습니다. 먼저 짝짓기를 위해 암컷을 부르는 '본울음'이 있어요. '내가 여기 있으니 암컷 매미들은 이리 오시오'라는 뜻이지요. 그러나 암컷이라고 무조건 수컷들의 소리에 응하는 것은 아니에요.

암컷이 오지 않으면, 수컷은 좀 더 적극적으로 행동해요. 암컷을 찾아가 옆에서 울어 대지요. 이것을 '유인울음'이라고 하는데, 아쉬운 수컷들이 주로 쓰는 방법이에요.

암컷을 두고 수컷끼리 싸우는 경우도 종종 있어요. 치사하지만 이럴 때는 다른 수컷의 짝짓기를 방해하는 '방해울음'을 운답니다.

물론 짝짓기와 상관없이 울기도 해요. 바로 적에게 잡아먹힐 때인데 이것을 '비명울음'이라고 합니다. 말 그대로 죽어 가는 매미의 처절한 울음인 것이죠.

울음소리를 듣고 수컷에게 다가가는 참매미 암컷

진딧물을 먹는 살아 있는 농약

무당벌레

　혹시 화초 기르기를 좋아하나요? 화초에 진딧물이 생겼다면 무당벌레를 구해 놓아 보세요. 며칠 안 가서 진딧물을 볼 수 없을 거예요. 생김새도 예쁘고, 우리에게 좋은 일도 많이 해주는 무당벌레, 그 녀석들이 살아 있는 청정 농약이거든요.

　"와, 알록달록 예쁘다. 이름이 뭘까?"
　동네 꼬마들이 무당벌레 주위에 빙 둘러서 있었습니다. 알록달록한 무늬가 예뻐서인지, 아이들은 무당벌레를 손에 올려 놓고 한참을 바라보더군요. 이름이 '무당벌레'라고 알려 주니까 한 친구가 물었습니다.
　"무당벌레는 왜 이렇게 예쁜 거예요?"
　그렇게 묻는 고 녀석이 더 예쁘다는 생각을 하며 머리를 쓰다듬어 주었습니다. 곤충에 관심을 갖는 친구들을 보면 흐뭇하기도 하고 꼭 안아 주고 싶기도 합니다.
　호기심으로 반짝거리는 아이의 눈을 보면서 이렇게 답했던 것으로 기억합니다.
　"무당벌레의 예쁜 무늬는 적들한테 가까이 오지 말라는 경고야. '날 먹어 봤자 맛이 없어요.'라고 온몸으로 말하는 거지. 주로 새들이 무당벌레를 먹는데, 무턱대고 달려들었다가는 큰코다치게 돼. 무당벌레는 다리 관절에서 노란 액체를 뿜어 대는데 아주 쓴맛이 나거든. 단 한 번이라도 그 노란 액에 당해 본 경험이 있는 적들은 무당벌레 곁에 얼씬도 하지 않는단다."

칠성무당벌레
- 과명 : 딱정벌레목 무당벌레과
- 먹이 : 진딧물
- 길이 : 3~13㎜
- 사는 곳 : 들이나 산
- 같은 과 곤충 : 남생이무당벌레 등

나름대로 정성스럽게 설명했는데, 아이는 대충 고개를 끄덕이고는 친구들과 놀이터로 향하더군요. 아, 할 얘기가 많은데……. 아쉬움 반 섭섭함 반인 마음으로 저도 집으로 들어왔지요. 그때 못다 한 무당벌레 이야기를 여러분에게 들려 줄까 합니다.

우리나라에 사는 무당벌레는 모두 91종입니다. 1980년대 후반부터 1990년대 초반까지 남한에서는 77종만 관찰되고 있지요.

가장 흔한 것은 칠성무당벌레예요. '칠성'은 일곱 개의 별이라는 뜻으로, 무당벌레 날개에 일곱 개의 검은 점이 있어서 그렇게 불립니다. 둘째로 많은 건 무당벌레로, 날개 위에 다양한 점 무늬가 있습니다.

무당벌레의 암컷은 봄, 가을에 나무 줄기나 잎의 뒷면에 20~50개 정도의 알을 낳는데, 일주일쯤 지나면 알에서 애벌레가 깨어 납니다. 그런데 빨리 나온 애벌레는 아직 부화하지 않은 알을 먹어 치워요. 애벌레끼리나 애벌레와 어른벌레 사이에서도 동료나 형제, 자식을 잡아먹는 일이 종종 발생하지요. 깜찍한 무늬만 생각하면 성격도 온순하고 귀여울 것 같은데, 전혀 상상하지 못했던 일이죠?

무당벌레의 먹이인 진딧물이 부족할 때 이런 일이 잦아요. 어른무당벌레의 경우 하루 평균 148마리의 진딧물을 먹고, 애벌레는 번데기가 되기까

무당벌레의 알

같은 애벌레를 잡아먹는 무당벌레의 애벌레

지 200~300마리 이상의 진딧물을 먹는대요.

이러한 무당벌레의 먹성이 사람들로서는 더없이 고맙기만 합니다. 진딧물은 식물에 붙어서 식물의 진액을 빨아먹기 때문에 농작물을 키우는 사람들에게는 골칫거리거든요. 진딧물을 없애기 위해 어떤 사람들은 사람 몸에 안 좋은 농약을 뿌리기도 해요. 하지만 현명한 사람들은 농약을 쓰지 않고 무당벌레를 써서 진딧물을 없애지요. 무당벌레가 '살아 있는 농약'이라는 사실을 알기 때문이에요.

무당벌레의 끈기

무당벌레는 밑에서 위로 올라가면서 먹이를 찾는 버릇이 있어요. 식물 줄기를 타고 아래에서부터 위로 올라가면서 먹이를 잡아먹는데, 꼭대기까지 올라갔다가 먹이가 없으면 다시 먹이를 찾아 다른 식물로 날아갑니다.

물론 먹이를 배불리 먹었거나, 적의 공격을 피할 때는 굳이 꼭대기까지 안 올라가고 날아가기도 합니다. 그러나 대부분의 무당벌레는 식물 꼭대기까지 올라갔다가 진딧물이 없으면 다른 식물로 날아가 다시 꼭대기까지 올라가기를 반복합니다.

이런 버릇을 관찰하기 위해 7미터 건물 맨 밑에 무당벌레를 놓은 적이 있는데, 6미터 10센티미터까지 올라갔다가 날아갔다고 합니다. 무당벌레 크기가 약 10밀리미터이니까 얼마나 높이 올라갔는지 짐작할 수 있겠죠? 다른 벌레라면 이미 중간에서 날아가 버렸을 텐데, 무당벌레의 끈기에 박수를 보냅니다.

무당벌레는 밑에서부터 올라가는 습성이 있다.

깨끗한 풀밭, 내게 맡겨 줘

뿔쇠똥구리

쇠똥구리는 소똥을 동그랗게 굴리면서 그 속에 알을 낳는 곤충이에요. 예전에는 많이 발견됐지만 요즘 들어서는 만나기 힘들죠.

우리나라에 서식하고 있는 쇠똥구리류는 뿔쇠똥구리를 포함하여 19종인데, 소똥을 굴리는 왕쇠똥구리, 쇠똥구리, 긴다리쇠똥구리는 거의 멸종했다고 볼 수 있어요.

그나마 볼 수 있는 것은 대형종에 속하는 뿔쇠똥구리, 애기쇠똥구리 정도예요. 이 역시도 육지에서는 찾아보기 힘들고, 제주도 일부에서만 발견되고 있는 형편이에요.

그 가운데 뿔쇠똥구리는 다른 쇠똥구리와 달리 머리 중앙에 큰 뿔이 있어요. 또 소똥을 굴리지도 않습니다. 7월쯤 되면 뿔쇠똥구리는 똥덩어리 바로 밑에 깊이가 20센티미터 정도 되는 굴을 파고 똥을 아래로 끌고 내려갑니다. 수컷이 옮겨다 놓은 소똥으로 암컷은 5~7개의 경단을 만들어 그 안에 알을 하나씩 낳습니다.

얼마 뒤 소똥 경단 속에서 애벌레가 태어나고, 이 녀석들은 소똥을 파먹으면서 어린 시절을 보냅니다. 봄이 되면 애벌레는 허물을 벗고 번데기가 되는데, 그 뒤 다시 40일이 지나야만 어른벌레가 될 수 있어요.

하지만 어른벌레가 되어도 살아남기가 여간 어려운 것이 아니랍니다.

쇠똥구리는 풀이 있는 곳에서 소똥이나 다른 가축의 똥을 먹고 사는데, 요즘은 소들을 우리에 가둬 놓고 기르기 때문에 풀밭에서

뿔쇠똥구리
- ● 과명 : 딱정벌레목 쇠똥구리과
- ● 먹이 : 가축의 똥
- ● 길이 : 7~11㎜
- ● 사는 곳 : 들판
- ● 같은 과 곤충 : 왕쇠똥구리, 긴다리쇠똥구리 등

소똥을 찾기가 힘듭니다.

풀밭에 소가 있다고 해도 농약을 많이 뿌리면 쇠똥구리가 살 수 없어요. 사라진 왕쇠똥구리를 조사하기 위해 시골에 갔을 때였어요. 사람들이 쇠똥구리가 신선한 소똥을 먹는다는 것을 모르고 소 우리에서 소똥을 퍼다 놓았더군요. 게다가 쇠똥구리는 화학물질에 민감한데, 요즘 소가 먹는 사료에는 항생물질이 포함되어 있어서 쇠똥구리가 건강하게 자라기 어렵습니다. 이런 이유로 점점 쇠똥구리가 사라져 가고 있는 거예요.

만약 쇠똥구리가 없다면 어떻게 될까요? 소 한 마리는 하루 평균 열두 덩이의 똥을 싸는데, 워낙 묵직하고 독한 탓에 똥이 떨어진 곳의 식물은 햇빛도 못 보고, 숨 쉬기도 힘들어 죽는 경우가 많아요.

또 소똥이 많으면 파리가 꼬여 소들에게 병균을 옮기기도 하고, 똥의 독

성 때문에 소들이 먹을 풀도 모자라게 되지요. 물론 냄새도 많이 나고요.

하지만 쇠똥구리가 있으면 상황이 달라집니다. 쇠똥구리는 똥을 땅속으로 가져다가 그 안에서 먹고 거기서 배설하기 때문에, 풀밭을 청소해 줄 뿐 아니라 흙 속에 양분까지 넣어 줍니다. 쇠똥구리가 한 번 먹은 똥은 이미 충분히 소화된 상태이므로 미생물이 분해하기 쉽고 시간도 적게 걸리죠.

이래저래 쇠똥구리는 좋은 일을 많이 하는 곤충이에요. 최근에는 그 수가 급격히 줄어들어 오히려 쇠똥구리를 직접 키우는 곳이 생겨나고 있다고 합니다. 자연 속에서 스스로 태어나고 살아가야 하는데, 사람의 힘을 빌려야만 지구에서 살아남을 수 있다니요. 이런 이야기를 들을 때마다 곤충을 연구하는 사람으로서 안타까울 따름이에요.

똥을 먹어도 괜찮아요?

소똥을 좋아한다고 해서 이 녀석들을 더러운 곤충 취급해서는 안 됩니다. 쇠똥구리는 소의 뱃속에서 잘 발효된 소의 똥을 먹어요.

멋진 뿔이 달린 뿔쇠똥구리

개가 사람의 똥을 먹는다는 것은 다 알고 있을 거예요. 그런데도 아무 이상이 없는 것은 사람의 소화 능력이 100%가 되지 않기 때문입니다. 소도 마찬가지예요. 음식물을 100% 소화하지는 못해요. 그래서 쇠똥구리는 소의 똥에서 소가 소화하지 못한 영양소를 섭취하는 것이랍니다.

꿀보다 진딧물이 더 맛나

바둑돌부전나비

바둑돌부전나비는 우리나라에서 보기 힘든 희귀종입니다. 나비 이름은 날개 뒷면의 검은색 무늬가 마치 까만 바둑돌 같다고 하여 붙여졌어요. 이 나비가 주로 사는 곳은 따뜻한 남쪽 지방이지요. 제주도를 비롯해서 남한 곳곳에서 발견된다고 하는데, 어디든 그 수는 많지 않습니다. 그러다 보니 좀처럼 보기가 힘들지요.

"이거, 바둑돌부전나비 아니야?"

몇몇 친구와 함께 서울 인근으로 채집을 갔다가 바둑돌부전나비를 만났습니다. 알록달록한 흑백 무늬가 나비의 이름을 대신하고 있었죠.

주위는 술렁거리기 시작했습니다. 친구들은 서로 놀라서 어쩔 줄 몰라 하는 표정이었습니다. 여기서 보게 될 줄 몰랐다는 친구와 몇 년을 찾아 헤맸다는 친구가 서로 부둥켜안으며 참 많이 좋아했습니다. 다른 곤충을 채집 나왔다 우연히 발견한 것이어서 기쁨이 더욱 컸는지도 모릅니다. 그 날 밤 우리는 이 나비에 대한 이야기로 밤을 지새웠습니다.

현재 바둑돌부전나비의 분포지로는 강원도(설악산), 충청남도(계룡산, 서천), 전라북도(영암, 지리산, 월출산), 부산(범어사, 금정산) 등지가 거론되고 있습니다. 절이나 공원 또는 햇빛이 덜 비치는 곳에 살고 있는 것이지요. 원인은 알 수 없지만 그마저도 최근에는 발견되지 않아서 보호가 필요한 종입니다.

바둑돌부전나비
- 과명 : 나비목 부전나비과
- 먹이 : 진딧물
- 길이 : 앞날개 길이 23~24㎜
- 사는 곳 : 산지, 대나무 숲
- 같은 과 곤충 : 푸른부전나비, 범부전나비 등

진딧물을 좋아하는 바둑돌부전나비

무엇보다 바둑돌부전나비가 주목을 받는 이유는 먹이에 있습니다. 이 나비는 다른 나비들처럼 꿀을 좋아하지 않아요. 꿀에 알레르기가 있는지 갖다 바쳐도 안 먹습니다.

대신 진딧물을 먹고 살아요. 대나무나 조릿대가 자라는 곳에 사는 일본납작진딧물을 특히 좋아합니다. 그러고 보면 우리에게는 없어서는 안 될 유익한 곤충이지요. 진딧물은 식물이 자라는 걸 방해하는 해충이니까요.

다 자란 나비는 진딧물이 내뿜는 하얀 분비물을 먹으며 살고, 애벌레들은 진딧물을 잡아먹으며 자랍니다. 특히 애벌레들은 서로 진딧물을 많이 먹겠다고 아우성을 치곤 해요.

그래서 바둑돌부전나비 어미는 되도록 일본납작진딧물이 많은 곳에 알을 낳으려고 노력합니다. 알을 낳기 전에 그런 곳을 찾아 이리저리 돌아다니기 바쁘지요. 알에서 깨어난 애벌레들이 진딧물을 편하게 잡아먹을 수 있도록 하기 위해서예요. 아기들이 아무 탈 없이 무럭무럭 자라기를 바라는 엄마의 지극한 정성이 느껴집니다.

이 애벌레들은 가을이 되면 실을 내어 텐트 모양의 그물막을 짜고 그 속에서 겨울을 납니다. 식물은 전혀 먹지 않고, 진딧물만 먹는 이 나비는 한국산 나비 중에서 유일하게 순 육식성이에요.

예쁘게 생긴 나비가 육식성이라니, 믿기지 않죠? 실제로 보면 더욱 그렇습니다. 몸이 작아 육식과는 더욱 멀어 보이죠. 날개를 쫙 편 길이는 24밀리미터, 날개를 접으면 10밀리미터가 조금 넘고, 날개 무늬도 예쁘장해서

이 나비가 육식성인지 알아채는 사람은 거의 없습니다.

　이들은 대부분 활동성이 적어 사는 곳 주변을 떠나는 일이 거의 없습니다. 실제로 보면 힘없이 날아올랐다가 바로 옆에 내려앉을 정도로 의욕도 없어 보이고 잘 날지도 못하지요. 그나마 빛이 없는 흐린 날이나 저녁 무렵에는 활발하게 움직입니다. 바둑돌부전나비는 주로 5월부터 8월 사이에 볼 수 있습니다.

　점점 사라져 가는 우리의 나비, 식성이나 성깔은 좀 별나지만 우리의 관심이 꼭 필요한 나비입니다.

잔점박이푸른부전나비와 개미 그리고 맵시벌

잔점박이푸른부전나비의 애벌레는 개미 애벌레와 똑같은 울음소리를 내면서 개미를 속이는 재주를 가지고 있습니다. 일개미들은 나비 애벌레를 여왕개미의 자식으로 착각합니다. 그래서 개미굴 깊숙한 곳에 있는 개미 유충들의 방으로 옮기고, 애지중지하며 정성스레 키우죠.

그러나 나비 애벌레 소리를 맵시벌이 들었다면 나비 애벌레도 위험에 빠집니다. 맵시벌은 알을 나비 애벌레에 낳는 곤충으로, 나비 애벌레들의 소리를 듣고 개미굴로 들어가죠.

그러나 병정개미와 싸우다가 죽을 수 있기 때문에, 맵시벌은 화학 물질인 페로몬을 방출하여 개미들이 무단 침입자인 자신을 내쫓기는커녕 자기들끼리 싸우게 만듭니다. 그리고 그 사이 부전나비 애벌레 몸에 알을 낳고 달아납니다.

시간이 지나면 개미 유충의 방에서는 나비 애벌레를 먹고 자라난 맵시벌이 기어나오게 됩니다.

곤충박사님이 들려주는 곤충 이야기
이거 곤충 맞아?

■ **곤충 박사님** ▶ '동충하초'라는 이름 들어 봤니? 이름에 벌레라는 뜻의 '충'이랑 풀이란 뜻의 '초'가 함께 있어 정체가 아리송하지? 동충하초란, 겨울에는 벌레 속에 있다가 여름에는 풀이 되어 나온다는 뜻에서 붙여진 이름이야. 자, 그럼 동충하초에 대해 알아볼까?

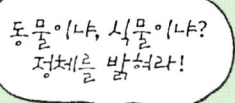

동물이냐, 식물이냐?
정체를 밝혀라!

동충하초는 거의 모든 종류의 곤충에서 볼 수 있어. 곤충의 몸 안으로 들어간 균은 곤충의 양분을 흡수하여 균사를 만들어 내지. 그리고는 곤충을 죽이고 곤봉 모양 또는 줄 모양의 자실체를 낸단다. 이렇게 해서 겨울에는 벌레이던 것이 여름에는 버섯으로 변하는 거야.

동충하초는 동물도 식물도 아닌 균류에 속해. 동충하초는 곤충인 나비목, 메뚜기목, 매미목, 딱정벌레목 외에 거미에도 기생한단다.

자실체

중국 민간설화에 따르면 동충하초는 티베트산 들소인 야크를 돌보는 목동이 처음으로 발견했다고 해. 야크들이 동충하초를 게걸스럽게 먹는 모습을 보고 목동도 뜯어 먹었는데, 힘이 아주 강해졌대.

세계 신기록을 수립했던 중국 육상선수들도 당시 날마다 동충하초를 먹었어. 동충하초에는 에이즈 치료에 효과가 있는 성분도 들어 있다고 해.

노화방지 효과도 있다고 알려진 동충하초는 이후 많은 사람들이 찾았지만, 그 수가 적어 오직 황제만 복용할 수 있었지. 인공재배를 시작한 것은 최근이란다.

나도 미래의 곤충박사

곤충 채집하러 가자!

룰루랄라~ 곤충 채집은 즐거워~. 어! 즐겁기보다 조금 어려울 것 같다고요? 물론 곤충 채집이 쉽지만은 않지요. 하지만 방법만 알면 간단해요. 일단 채집할 곤충을 정하고, 관련 자료를 찾아 읽어 두세요. 녀석이 어디 사는지, 어떤 성격인지 아는 것이 중요하니까요.

곤충 잡기 대작전

준비물: 곤충도감, 핀셋, 손전등, 돋보기, 채집통, 비닐봉투, 장갑, 잠자리채, 필기도구, 카메라, 구급약

잠자리채로 잡기
가장 쉬운 방법으로 잠자리채를 이용하는 방법이 있습니다. 날아가는 방향으로 뒤쫓아 가는 것이 가장 좋지만, 곤충이 꽃이나 나무의 가지 끝에 앉아 있을 때 잠자리채를 휘두르면 쉽게 잡을 수 있어요.

밤에는 불빛을 이용해요
밤에 불켜진 전등 아래로 가 봅시다. 불빛을 보고 사슴벌레나 장수풍뎅이, 나방 종류의 곤충들이 날아와 있을 겁니다.

나무를 차고 흔들어 볼까요
낮에는 나무를 흔들어서 곤충을 잡을 수 있습니다. 상수리나무나 밤나무를 발로 차거나 흔들면 거기에 앉아 있던 곤충이 뚝 떨어집니다. 그렇다고 너무 세게 차서 나무한테 상처를 주면 안 되겠죠?

우산도 채집 도구로 그만이죠

아침이나 저녁에 이 방법을 이용해 보세요. 우산을 쫙 펴서 나뭇가지에 거꾸로 매달고, 위쪽에 있는 잎을 막대기로 탁탁 치면 숨어 있던 곤충들이 떨어져요. 무당벌레, 풍뎅이, 비단벌레 등을 잡을 수 있을 거예요.

물가나 물속도 살펴보세요

주위에 웅덩이나 연못, 냇가가 있으면 한번 그 속을 살펴보세요. 작은 물고기뿐만 아니라 곤충들의 애벌레도 살고 있거든요. 뜰채로 연못 바닥을 훑으면 됩니다.

3장

물고 뜯고 해로운 곤충

한여름 밤의 불청객

모기

우리의 피를 빨고 몸을 가렵게 만드는 모기는 암컷입니다. 암컷이 사람의 피를 빠는 데는 이유가 있지요. 모기는 평소 과일즙 따위를 즐겨 먹는데, 알을 밴 암컷은 알에 영양분을 듬뿍 주어야 하기 때문에 사람이나 동물의 피를 필요로 합니다. 피에는 모기가 잘 자라도록 돕는 단백질이 아주 많거든요.

11월의 어느 아침, 자고 일어났더니 어머니가 몸을 긁적이고 계셨습니다. 팔다리 몇 군데가 봉긋하니 불그스름했습니다.
여름밤 내내 더위와 함께 우리를 괴롭히던 모기가 초겨울에도 기승이라니! 예전에는 상상도 못하던 일이었는데 이제는 그러려니 하는 일이 되었습니다. 지구의 온난화 현상으로 겨울 날씨가 많이 따뜻해졌고, 집집마다 난방이 잘 되어 있어 모기들이 겨울을 나기가 좋아졌으니까요.
사실 달려든다고는 하지만 모기의 몸무게가 워낙 가벼워서 당하는 동안 우리가 알아채기는 쉽지 않습니다. 모기가 피를 빨고 난 뒤, 피부가 부풀고 가려워지면 그제야 녀석들이 다녀갔다는 것을 알게 되지요.
그런데 여러 사람이 함께 자도 유난히 모기에 잘 물리는 사람이 있습니다. 누구는 물리고, 누구는 안 물리고……. 물린 사람 입장에서는 이것만큼 억울한 일도 없지요.
모기가 좋아하는 사람은 일단 잘 안 씻는 꼬질꼬질한 사람입니다. 그리고 몸이 따뜻하고 몸의 온도가 높은 사람, 잘 흥분하는 사

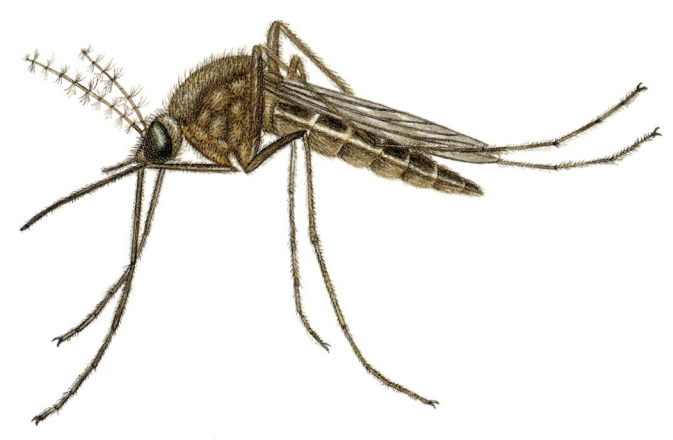

집모기
- 과명 : 파리목 모기과
- 먹이 : 동물과 사람 피 등
- 길이 : 4~11㎜
- 사는 곳 : 집, 풀숲 등
- 같은 과 곤충 : 빨간집모기, 중국얼룩날개모기 등

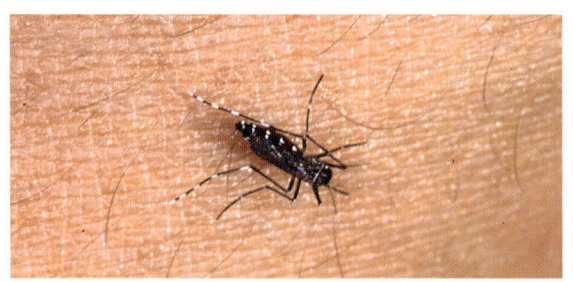
사람의 피를 빨고 있는 흰줄숲모기

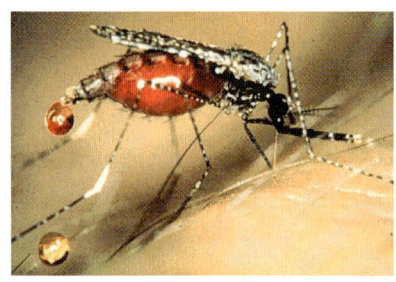
피 속의 수분을 없애 농축된 영양분을 얻기 위해, 모기는 피를 빨면서 배설한다.

람, 땀이 많이 나는 사람도 모기의 공격 대상이 됩니다. 왜냐하면 모기는 열을 감지하는 예민한 센서가 있거든요. 때문에 어두운 밤에도 사람이든 동물이든 잘 찾아낼 수 있는 것이고요.

모기가 특별히 좋아하는 색깔도 있습니다. 모기는 검은색, 푸른색, 보라색 따위의 어두운 계열을 좋아합니다.

그러니 모기에 물리고 싶으면, 한여름에 검정색 옷을 입고 뛰어다니다가 돌아와 안 씻고 잠자리에 들면 됩니다. 그 날 밤 모기들은 이게 웬 횡재냐 하고, 맛있는 피를 배부르게 먹으며 떵가떵가 파티까지 벌일 겁니다.

모기과는 세계적으로 1,500여 종이 있는 것으로 알려져 있습니다. 우리 나라에는 왕모기아과, 보통모기아과, 학질모기아과 등 3아과 51종이 보고되고 있지요. 대부분 몸 길이가 4~6밀리미터 정도인데, 이보다 큰 종은 대개 사람을 물지 않으므로 겁내지 않아도 됩니다.

이 가운데 우리가 조심해야 할 모기는 작은빨간집모기와 얼룩날개모기입니다. 작은빨간집모기는 일본뇌염을 옮기는 것으로 유명하고, 얼룩날개모기는 말라리아를 옮기는 모기입니다.

그러나 아무리 조심한다고 해도 모기를 피하기는 쉽지 않지요. 모기는 수 백 개의 감지 센서가 있어 물체를 거의 모든 방향에서 정확히 알아낼 수 있고, 순간적으로 방향과 속도를 180도 바꾸며 날 수도 있는 무시무시한 놈들이니까요.

날갯짓도 엄청 빨라서 1분에 62,760번, 1초로 바꾸어 계산해 보면 무려 1,046번의 날갯짓을 합니다. 보통 꿀벌의 날갯짓이 1초에 190회, 초파리가 250회인 것을 생각해 보면 비교도 안 될 숫자입니다.

이러니 모기를 잡기 위해서는 고도의 집중력과 순발력이 필요합니다. 단잠을 자고 싶다면 꼭 모기를 잡도록 하세요. 물리면 많이 가렵고, 잘못하면 큰 병에 걸릴 수도 있으니까요.

모기눈알수프 먹어 봤니?

먹어 보기 전에 들어는 보았나요? 모기눈알수프!
중국의 사천성에 가면 모기눈알수프를 맛볼 수 있다고 해요. 말 그대로 모기 눈알을 재료로 하여 만든 요리지요.
모기의 몸통도 아니고, 모기의 눈알 요리라니……. 과연 모기의 눈알만 채집하는 게 가능할까 하는 궁금증이 생기죠?
사천성에는 동굴이 많아 다른 지역보다 박쥐들이 많이 살고 있습니다. 모기는 박쥐가 즐겨 먹는 음식 중 하나랍니다. 그런데 박쥐는 모기의 눈알을 소화하지 못한대요. 이 사실을 안 사천성 사람들은 동굴을 찾아다녔어요. 박쥐의 배설물에서 모기 눈알만을 골라내려는 것이지요.

모기의 머리

먹기에 꺼림칙하지만, 미식가들은 모기눈알스프를 최상의 맛으로 평가한다니 사천성에 가게 되면 꼭 한번 먹어 보세요. 영국의 엘리자베스 여왕도 중국을 방문했을 때 이 요리를 대접받았다고 하네요.

뛰어 봤자 벼룩이라고?

벼룩

　벼룩은 높이뛰기를 잘 하는 곤충으로 유명합니다. 기록에 의하면 자기 몸의 100배인 20센티미터를 뛸 수 있다고 합니다. 사람으로 치면 63빌딩보다도 더 높게 뛰는 셈이지요.

　저는 곤충도 좋아하지만 동물도 좋아합니다. 저희 집 마당에는 개 세 마리가 있습니다.
　어느 여름 장마철이었던 것으로 기억합니다. 보름 내내 비가 내려서 밥 줄 때 말고는 개들을 돌봐 주지 못했습니다. 개들도 장마가 끝나기를 기다리며 개집에서 움쭉달싹하지 않았지요. 그렇게 지루한 장마가 끝나 가던 어느 날, 날씨가 화창하여 모처럼 개들과 마당을 뛰며 뒹굴었습니다. 그런데 웬일인지 개 세 마리가 마치 내기라도 하듯 앞발로 몸 구석구석을 긁어 댔습니다. 온몸을 부르르 털기도 했고요.
　불현듯 머릿속이 번쩍했습니다. 이리저리 털을 헤치자 기다렸다는 듯 벼룩이 톡 튀어 올랐습니다.
　"요놈 봐라!"
　저는 벼룩을 잡아 관찰을 시작했습니다. 그런데 개들을 괴롭히던 벼룩이 원망스럽기는커녕 저절로 감탄이 나오지 뭐예요. 벼룩의 크기라고 해봤자 2~4밀리미터 정도인데, 그 작은 몸에 다리가 여섯, 눈이 둘, 뾰족한 입이 하나, 있을 것은 다 있으니까요. 물지만 않는다면 애완용으로 가지고 다니고 싶을 정도로 귀여운 녀석이었습니다.

개벼룩
- ● ● 과명 : 벼룩목 벼룩과
- ● ● 먹이 : 동물의 피
- ● ● 길이 : 2~4mm
- ● 사는 곳 : 동물의 몸
- ● 같은 과 곤충 : 사람벼룩, 열대쥐벼룩 등

하지만 실제로 벼룩을 애완용으로 길렀다가는 큰코다칩니다. 벼룩은 암수 모두 젖먹이 동물이나 새의 몸에 붙어 피를 빨아먹고 사니까요.

벼룩의 암컷은 알을 낳을 때가 되면 붙어 살던 동물의 몸에서 떨어져 나옵니다. 그러고는 주위에 있는 먼지 뭉치 같은 곳에 알을 낳습니다. 알은 희고 동그라며 눈에 보일락 말락 할 정도로 작습니다. 알에서 깨어난 애벌레는 구더기처럼 생겼는데 방구석이나 마루 틈바구니 같은 데서 삽니다. 애벌레는 어른벌레와 달리 먼지나 부스러기 따위를 먹지요.

애벌레에서 번데기를 거쳐 어른벌레가 된 벼룩은 몸 빛깔이 붉은빛 도는 갈색입니다. 날개가 없고 몸이 좌우에서 눌린 것처럼 납작합니다.

벼룩은 세계적으로 1,000여 종이 있다고 하는데 종류에 따라 사람벼룩, 고양이벼룩, 개벼룩 따위로 구분합니다. 우리나라에는 그 중 39종이 있습니다.

특히 애완동물을 키우는 집에서는 주변 환경을 깨끗이 해야 합니다. 그렇지 않으면 동물이 벼룩 때문에 고생하는 경우가 많으니까요. 벼룩에 물리는 애완동물은 자꾸 긁적이는 행동을 하고, 심해지면 피부병을 얻어 피부가 짓무릅니다. 어떤 동물은 벼룩이 옮긴 병 때문에 시름시름 앓기도 하지요. 가장 무서운 병을 옮기는 것은 쥐벼룩입니다.

14세기경 유럽 전역을 두려움에 떨게 했던 전염병이 있었는데, 바로 페스트입니다. 흑사병이라고도 불리는 이 병은 당시 가장 무서운 전염병이었습니다. 이 병으로 인해 인구의 1/3이 죽었는데, 그 원인이 쥐와 벼룩 때문이었죠. 벼룩이 쥐에게 옮긴 페스트가 다시 사람에게 옮겨져 끔찍한 전염병이 발생한 것입니다.

작지만 무서운 병을 옮기는 벼룩, 이제 함부로 보면 안 되겠죠?

벼룩과 이별하고 싶으세요?

벼룩은 피를 빨지 않아도 100일은 버틸 수 있고, 기온이 낮을 때는 번데기로 겨울을 나기도 합니다. 따라서 동물만 깨끗이 씻긴다고 해결될 문제가 아닙니다. 방구석이나 카페트 속, 장판 틈까지 꼼꼼하게 청소해야 합니다. 또 벼룩은 온도가 높고 습기가 많은 곳을 좋아합니다. 따라서 장마철을 벼룩 집중 단속기간으로 정하고 집안 청소에 더욱 신경을 써야 하지요. 벼룩을 발견했을 때는 책 같은 것을 던져 죽여서는 안 됩니다. 혹시라도 벼룩 뱃속에 알이 있으면 사방으로 튀게 되니까요. 벼룩 한 마리 잡으려다 엄청난 벼룩을 키우게 될 수도 있으니 조심 또 조심해야 합니다.

전자현미경으로 본 개벼룩

라쿠카라차 강인한 생명력이여

바퀴

바퀴는 우리나라 어느 곳에서나 볼 수 있습니다. 녀석들은 잡식성으로 곡류, 야채, 종이, 가죽, 머리카락, 동물의 시체 등 못 먹는 것이 없습니다. 이렇게 아무 곳이나 오가며 아무것이나 먹는 바퀴는 병균과 병을 옮기는 주범입니다.

"으악! 난 몰라!"
한밤중에 온 동네가 들썩거릴 만큼 커다란 비명이 들렸습니다. 깜짝 놀라서 가 보니, 여동생이 귀에 바퀴가 들어갔다며 쩔쩔매고 있더군요. 바퀴가 귀 주변을 기어다니기에 엉겁결에 툭 쳤는데 그만 귓속으로 들어가 버린 것입니다.
그 날 밤 동생과 저는 바퀴와의 한판 전쟁을 치렀습니다. 귓속에 들어간 바퀴를 끄집어 내려고 불을 비추고 핀셋으로 귓속 여기저기를 쑤셔 봤습니다. 끈질긴 바퀴 녀석의 몸은 결국 반이 잘려 뒤꽁무니만 나왔습니다. 하지만 동생은 남은 반쪽 때문에 귀가 아팠는지 엉엉 울기 시작했습니다. 결국 저는 최후의 방법으로 귓속에 베이비오일을 부어 바퀴를 죽이고, 다음 날 이비인후과에 가서 바퀴를 꺼냈습니다. 의사 선생님 말로는 병원에 이런 일로 오는 사람이 의외로 많다고 합니다. 그만큼 바퀴는 우리 주변에서 흔히 볼 수 있습니다.
지구상에는 약 3,500종의 바퀴가 있습니다. 그 중 우리나라에는 7종의 바퀴가 살고 있습니다. 이질바퀴, 먹바퀴, 집바퀴, 경도바퀴, 바퀴, 산바퀴, 줄바퀴가 그것인데, 이 중 야외 서식종은 산

산바퀴
- • 과명 : 바퀴목 바퀴과
- • 먹이 : 음식, 종이, 비듬 등 잡식
- • 길이 : 10~40㎜
- • 사는 곳 : 집, 야외
- • 같은 과 곤충 : 이질바퀴, 먹바퀴, 집바퀴 등

바퀴, 줄바퀴, 경도바퀴입니다. 바퀴로 인해 사람들은 알레르기나 천식을 앓기도 하고, 장티프스, 콜레라, 위장염, 식중독 등에 걸리기도 합니다.

그러나 바퀴를 없애는 것은 쉽지 않아요. 바퀴는 4억 년 전 공룡이 살던 시기부터 오늘날까지 끈질긴 생명력과 번식력을 자랑하며 살아 왔거든요.

바퀴는 웬만한 질병도 이겨 내고 먹이도 별로 필요로 하지 않죠. 심지어 이질바퀴의 경우 물만 먹고도 40일을 살 수 있어요. 바퀴의 40일은 사람의 시간으로 치면 30~40년과 맞먹는답니다.

게다가 생명력도 강해서 몸의 일부가 잘리더라도 살 수 있어요. 목이 잘린 바퀴가 죽는 것은 머리가 없어서가 아니라 먹이를 먹지 못해 굶어 죽는 것이라는 말이 돌 정도죠.

바퀴는 모여 사는 성질이 있고 모이는 수가 많을수록 빨리 증식합니다. 또 짝짓기를 한 암컷은 알집을 만들어 배 끝에 붙이고 다니다가 좋은 장소를 만나면 떨어뜨리죠. 알집에는 종류에 따라 10개에서 많게는 120여 개의 알이 들어 있습니다.

이러다 보니 바퀴에 대한 인간의 싸움은 박멸이 아니라 더 많이 번식하는 것을 막는 것이 고작입니다. 바퀴 약을 쓴다고 해도 그에 대한 내성이

밤에 돌아다니는 집바퀴 수컷

우리나라에서 가장 큰 이질바퀴

생기기 때문에 다음 번에 약을 사용할 때는 더 많은 양을 써야 바퀴가 죽게 됩니다.

그렇다면 바퀴의 천적을 집에 키우는 것은 어떨까요? 바퀴의 천적이라 하면 고슴도치, 독거미, 지네, 진드기 등이 있는데, 자칫하면 바퀴를 잡으려다 사람 잡는 수가 있겠네요.

아무래도 가장 좋은 방법은 바퀴가 싫어하는 환경을 만드는 것일 듯합니다. 바퀴는 어둡고, 습하고, 더운 장소를 좋아합니다. 거기에 음식물 부스러기가 바닥에 떨어져 있으면 바퀴에게는 그 곳이 바로 천국입니다. 바퀴와 함께 살기를 원하지 않는다면 이런 환경을 만들어서는 안 되겠죠?

'라쿠카라차'는 바퀴라는 뜻!

'라쿠카라차'라는 노래를 들어 보았나요? 아리랑 같은 단순 후렴구인 줄 알았던 이 말이 에스파냐 어로 '바퀴'라는 뜻이래요. 이 노래는 멕시코 내란(1910~1920) 때 만들어진 것으로 생각되는데, 멕시코 원주민들의 생활을 바퀴에 비유한 것이라고 하네요.

여기에는 두 가지 설이 있어요. 하나는 당시 전쟁터에서 반란군에게 밥을 지어 주기 위해 솥을 이고 다니던 가난한 여인들의 모습이 바퀴의 행렬 같다고 해서 붙여졌다는 설이고, 또 하나는 당시 용맹을 떨치던 한 여전사의 별명이라는 설이랍니다.

바퀴의 비위생적인 부분만 생각하면 이해하기 힘든 노래지만, 강인한 생명력만 본다면 고개가 끄덕여지기도 합니다. 즐거운 가락 속에 멕시코 사람들의 강인한 삶의 의지가 표현되어 있는 것이지요.

부지런한 사고뭉치

애수시렁이

가끔 방을 비질하다가 쓰레받기에 들어가 꼬물거리는 수시렁이를 보기도 합니다. 수시렁이는 집 안의 창고 같은 곳에서 동물성 먹이를 먹고 나중에 나와 돌아다닙니다. 썩은 시체를 먹기도 하기 때문에 법의학에서는 중요한 곤충으로 여깁니다. 또 이집트의 미라에서 발견된 적도 있습니다.

수시렁이는 세계적으로 약 800종, 우리나라에는 22종 정도 살고 있습니다. 그 가운데 애수시렁이는 집 안 여러 곳에 생기는 해충입니다.

영어 이름은 '블랙카펫비틀스'(black carpet beetles). '카펫에 생기는 벌레'라는 뜻으로 가죽옷과 털옷을 망친다고 알려져 있지만, 쌀통이나 곡식에서도 발견되지요. 또 건강 베개로 알려진 수수베개, 메밀베개 등 곡식을 이용한 베개에서도 나올 수 있습니다.

우리 집에서도 어머니가 아끼는 가죽옷이 습격을 당한 적이 있습니다. 군데군데 구멍도 나고, 부스러기 같은 것이 여기저기에 묻어 있더군요. 어찌나 속상해 하시던지, 그 뒤로 이 녀석을 없앤다고 한동안 대청소를 했던 기억이 납니다.

수시렁이들은 집에서 번식을 하게 되면서 사철 아무 때나 출현하는 해충이 되었습니다. 특히 음식물 쓰레기를 분리 배출하게 되면서부터는 음식물 쓰레기가 있는 곳에서 많이 발견됩니다. 또 이 녀석들은 워낙 식성이 좋기 때문에 아무것이나 가리지 않고 먹습니다.

애수시렁이
- 과명 : 딱정벌레목 수시렁이과
- 먹이 : 동물 사체, 곡식 등
- 길이 : 2~5㎜
- 사는 곳 : 집 안이나 창고
- 같은 과 곤충 : 홍띠수시렁이, 알락수시렁이 등

꽃에 모인 애알락수시렁이(위)와 꽃벼룩(아래)

사람에게 직접적인 피해를 주는 해충은 아니지만 강한 턱을 가지고 있어서 물리면 조금 쓰라릴 수 있습니다. 피를 빨기 위한 행동은 아니고 먹을 것을 찾기 위해 여기저기 물고 다니는 것입니다.

애수시렁이의 몸길이는 2~5밀리미터로 전체적으로 타원형을 이루고 있습니다. 암컷은 400~900개의 알을 덩어리로 낳는데, 낳은 뒤 약 10일이 지나면 알이 부화합니다. 유충은 7~8회의 탈피를 거쳐 성장하고, 보통 알에서 성충이 되는 데 약 3개월이 걸립니다.

번식력이 좋고 딱정벌레류의 특징처럼 생명력도 강하기 때문에 한 번 생기면 모두 없애기가 쉽지 않습니다.

우선 옷장 안에 있는 옷을 모두 걷어 내고 옷장 안을 깨끗하게 청소하는 것이 최선의 방법입니다. 그리고 애수시렁이의 유충이 생긴 옷은 빨랫줄에 걸어 놓고 스트레스도 해소할 겸 긴 막대기로 탈탈 두들겨서 먼지와 유충을 털어 내도록 하세요. 뒤집어서 속도 털어 주면 더 큰 효과를 볼 수 있습니다. 날 좋을 때는 햇볕에 바짝 말려 주세요. 그러면 수시렁이들은 떨어져 나갑니다.

곡식류의 경우에는 조금씩 포장하여 냉장고에 보관하는 것이 좋습니다. 이미 해충이 생긴 곡식은 아깝지만 과감하게 버리는 것이 현명하고요.

애수시렁이의 성충과 유충은 털옷이나 비단, 누에고치 따위를 먹이로 삼으니까 창고나 가공 공장 등에서 자주 볼 수 있습니다. 성충은 꽃에서도 볼 수 있다고 합니다.

박물관에 취직한 수시렁이

2004년 영국의 자연사 박물관에서는 수시렁이 100마리를 고용한 적이 있습니다. 이들이 담당한 일은 오래전에 죽은 동물들의 뼈에서 살을 깨끗하게 발라내는 일이었지요.

이들이 박물관에 냉동 보존된 선사시대 동물들의 뼈에 남아 있는 살을 완전히 갉아 먹을 경우, 뼈대가 아주 안전하고도 온전하게 드러나 박물관에 도움을 주게 됩니다.

자연사 박물관 과학자들은 이들이 월급을 더 달라고 시위하거나, 노조를 결성하지 않아 상당히 좋아했다고 합니다.

그 전까지는 뼈에 붙은 살을 제거하는 데 과산화수소나 사염화탄소와 같은 화학약품이 쓰였는데 이 방법은 뼈를 부식시키는 단점을 가지고 있었지요.

이에 비해 수시렁이들은 오로지 본능에 따라 맡은 바 임무에 충실하기 때문에 일주일이면 2~4킬로그램의 살을 먹어 치운다고 합니다. 또 번식력도 좋아 박물관 관계자들을 몹시 기쁘게 했다고 전해집니다.

수시렁이, 죽은 동물에 모이는 습성이 있다.

황금 들판은 나의 놀이터

벼메뚜기

곡식이 누렇게 익은 들녘을 보면 저도 모르게 가슴이 뜁니다. 누런 메뚜기를 잡으러 논이며 밭으로 천방지방 뛰어다니던 어린 시절이 떠오르기 때문입니다. 요즘처럼 달착지근한 군것질거리가 많지 않던 그 시절에는 메뚜기 튀김만한 군것질거리가 없었답니다.

우리의 옛 조상들도 메뚜기를 참 많이 잡으러 다녔습니다. 메뚜기 튀김을 먹기 위해서였느냐고요? 물론 그렇기도 하지만 사실 메뚜기는 농사짓는 사람들에게는 좀 귀찮은 곤충이랍니다. 메뚜기가 갉아먹고 사는 것이 바로 우리의 주식인 벼와 각종 식물들이기 때문입니다. 적은 수가 갉아먹는 것은 별 문제가 아닙니다. 때때로 엄청난 수의 메뚜기 떼가 논밭을 휩쓸어 그 해의 농사를 망쳐 놓는 것이 문제이지요.

《삼국사기》는 '신라에서는 9월에 메뚜기의 피해가 컸다.'고 전하며, 2000년 오스트레일리아 남부지역에서는 15년 만에 메뚜기 떼가 나타나 6주 넘게 농작물을 먹어 치웠다는 내용이 있습니다. 이렇게 떼 지어 다니는 메뚜기는 아프리카에 사는 사막메뚜기와 붉은메뚜기 그리고 우리나라에 사는 풀무치입니다.

벼메뚜기는 그 정도는 아니지만, 이 녀석 역시 풀을 먹고 살기 때문에 우리에게 여러 가지 피해를 주고 있습니다. 그러나 요즘 들어 그 수가 엄청나게 줄었습니다. 농약을 많이 치는 바람에 논에서 점점 사라져 가고 있는 것이지요. 이제는 풀숲이나 인적이

벼메뚜기
- 과명 : 메뚜기목 메뚜기과
- 먹이 : 벼 등의 식물
- 길이 : 30~38mm
- 사는 곳 : 논, 밭
- 같은 과 곤충 : 섬서구메뚜기, 방아깨비 등

뜸한 들판에서나 볼 수 있는 곤충이 되고 말았습니다.

　예전에 메뚜기는 어린이들의 훌륭한 간식거리였습니다. 지금도 시골 5일장에 가 보면 메뚜기 튀김을 만날 수 있습니다. 보기에는 징그럽지만 맛은 참 고소합니다. 먹을 것이 없던 시절에는 단백질 공급원으로도 유용했다고 하죠.

　하지만 메뚜기를 만나더라도 잡는 것이 만만치 않을 겁니다. 살금살금 다가가도 어떻게 알았는지 폴짝 달아나 버리기 일쑤거든요.

　메뚜기는 머리 양쪽에 붙은 겹눈으로는 물체를 살피고, 겹눈 사이에 있는 3개의 홑눈으로는 빛의 밝기를 알아냅니다. 귀는 사람처럼 얼굴에 붙어 있지 않고 배의 첫째 마디 양쪽에 한 쌍이 달려 있습니다. 귀뿐만 아니라 몸에 있는 더듬이, 꽁무니 등 온몸에 나 있는 털로도 아주 작은 진동까지 느낄 수 있습니다. 그래서 적으로부터 좀 더 쉽게 도망칠 수 있답니다.

　메뚜기가 피하고 싶어 하는 녀석들 가운데 하나는 사마귀입니다. 사마귀는 모든 곤충의 적이라고 할 만큼 사납고 무섭습니다. 사마귀는 메뚜기를 만났다 하면 눈 깜짝할 새 날개와 다리만 남겨 놓고 우적우적 먹어 버립니다. 메뚜기에게는 사마귀만큼 무서운 천적이 또 있습니다. 바로 거미입니다. 요리조리 뛰어다니다 발을 헛디뎌 거미줄에 걸리는 날에는 끝장이지

벼메뚜기의 우화 (우화: 번데기가 어른벌레로 변하는 과정을 말함)

요. 숨어 있던 거미가 쏜살같이 달려 와서 메뚜기 몸의 액을 쪽쪽 빨아먹으니까요. 이 밖에 기생벌과 기생파리도 메뚜기에게는 무시무시한 천적입니다. 쥐도 새도 모르게 메뚜기의 몸에 알을 낳아 영양분을 빼 먹으며 죽게 만들지요.

그러나 무엇보다 무서운 적은 사람일 겁니다. 사실 많은 동·식물, 곤충이 사람으로 인해 하나둘 사라지고 있으니까요. 황금 들녘을 뛰어다니던 벼메뚜기도 어느 미래에는 희귀한 곤충이 되어 있을지도 모를 일입니다.

메뚜기처럼 뛰어 볼까?

메뚜기가 멀리뛰기 선수라는 사실을 알고 있나요?
메뚜기의 크기는 3~4센티미터 정도입니다. 그 작은 몸집으로 2.6미터까지 뛴 적도 있지요. 보통의 메뚜기들도 자기 몸의 20배 이상은 기본으로 뜁니다. 메뚜기는 높이뛰기도 아주 잘해서 자기 몸의 6배 이상 뛰어오를 수 있습니다. 메뚜기는 다리가 총 6개인데 앞쪽에 있는 다리 4개는 짧고, 뒷다리 2개는 훨씬 깁니다. 멀리 뛸 때 이 뒷다리를 이용하지요. 적이 나타났을 때도 뒷다리로 힘껏 박차고 뛰어올라 멀리 도망갑니다. 뒷다리가 다른 다리에 비해 길고 튼튼한 이유가 있는 것이지요. 메뚜기는 적에게 잡히면 스스로 다리 하나를 떼고 도망가기도 합니다.

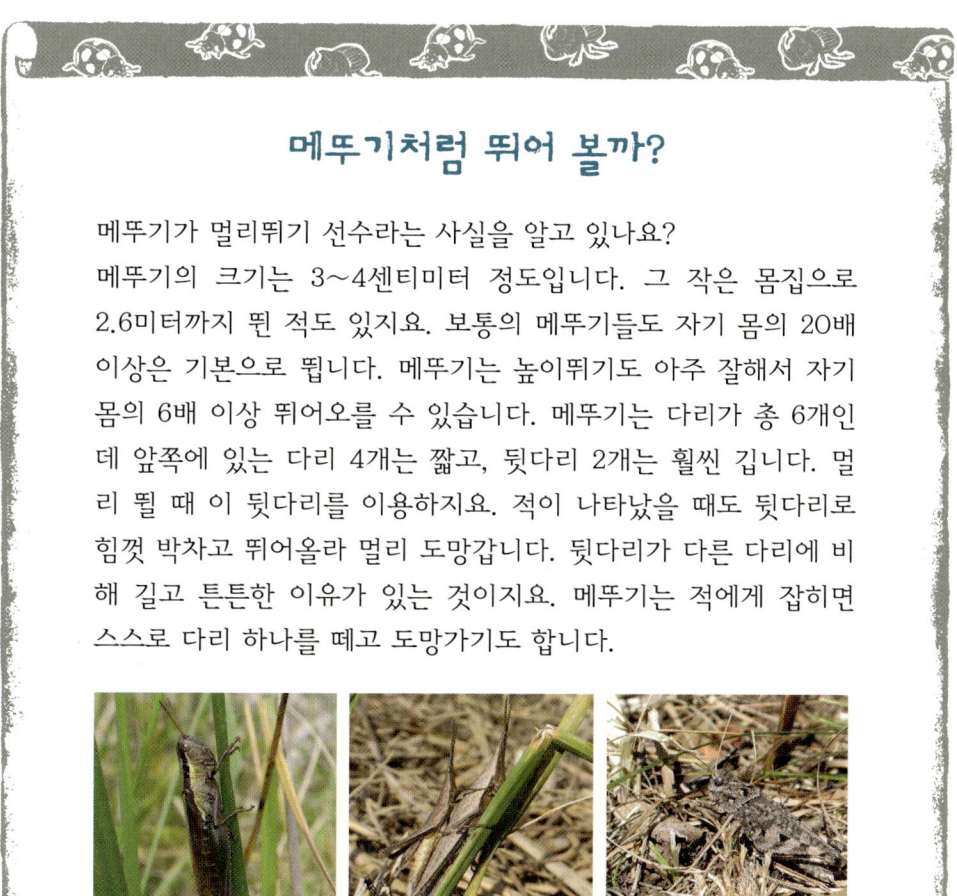

벼메뚜기   섬서구메뚜기   홍날개메뚜기

곤충 박사님이 들려주는 곤충이야기
특종! 곤충 기네스

┃곤충 박사님 ▶ 사람들은 세상에서 제일인 것에 관심이 많아. 그래서 기네스라는 것을 만들어 누가 제일인지 가리곤 하지. 기네스에 오른 사람들을 보면 평생 수염을 길러온 인도의 할아버지도 있고, 머리부터 발끝까지 온몸에 꿀벌을 붙여 기네스에 오른 우리나라 아저씨도 있어. 자, 그럼 세상에서 제일인 곤충에는 뭐가 있는지 알아 볼까?

세상에서 가장 긴 곤충

가장 긴 곤충은 1995년 말레이지아에서 채집한 대벌레(Pharnacia serrstipes)의 암컷이야. 다리 길이를 포함해 55.5센티미터나 되니, 정말 길지?

날아다니는 곤충 중에서 가장 큰 것

뉴기니의 알렉산드라비단제비나비는 날개 길이가 28센티미터나 된다는구나.

세상에서 가장 작은 곤충

귀여운 알벌은 몸 길이가 겨우 0.21밀리미터밖에 안 되는 작은 말벌이야. 귀엽고 앙증맞아서 뽀뽀를 해주고 싶다고? 그렇게 해도 괜찮단다. 알벌은 사람을 쏘지 않거든.

세상에서 가장 무거운 곤충

중앙아프리카의 골리앗꽃무지는 몸무게가 100그램이나 나간단다. 골리앗꽃무지도 다이어트를 해야 하지 않을까?

세상에서 가장 가벼운 곤충

가장 가벼운 곤충은 기생성 말벌의 한 종류지. 2,500만 마리를 모아야 골리앗꽃무지 한 마리의 무게와 비슷하니, 얼마나 가벼운지 상상할 수 있겠지?

세상에서 가장 빨리 나는 곤충

오스트레일리아왕잠자리의 한 종은 시속 58킬로미터로 나갈 수 있어. 날개에 초고속 모터를 단 것도 아닌데 정말 대단한 것 같아.

세상에서 가장 오래 산 곤충

기네스 기록은 비단벌레가 갖고 있어. 1893년 영국 에섹스 주 프리틀웰에 있는 어떤 집에서 발견된 뒤에 유충 상태로 51년 동안 살았다고 해.

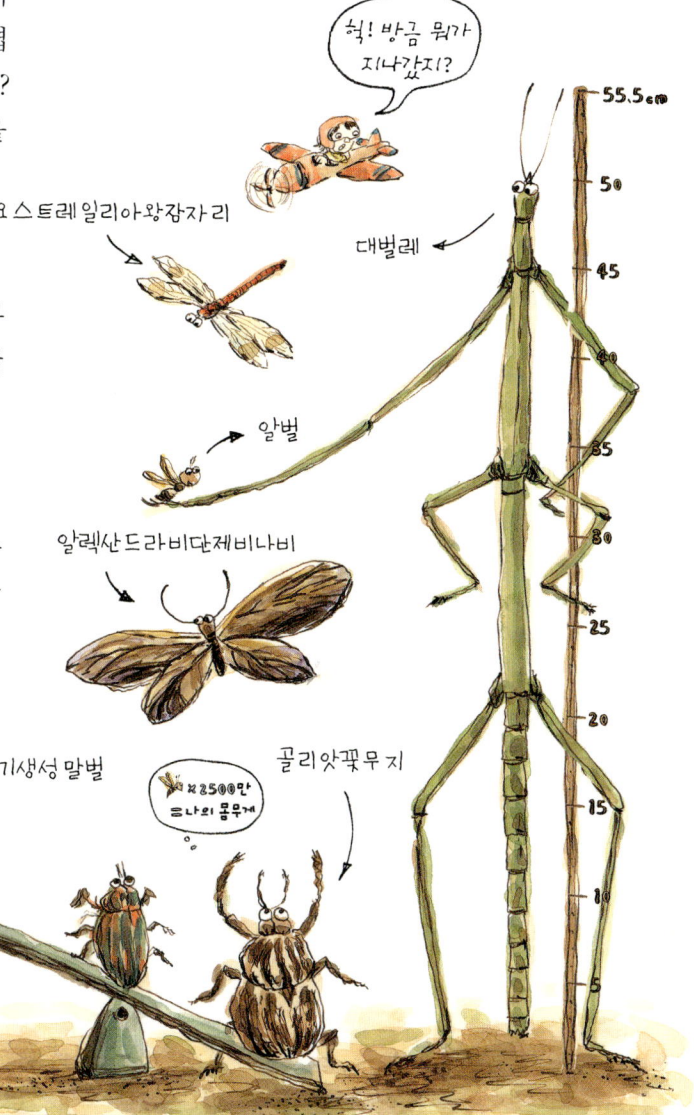

나도 미래의 곤충박사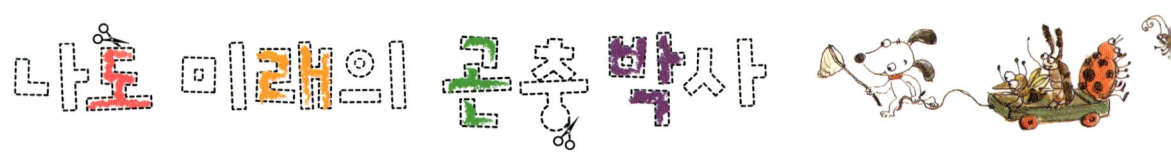

내 손으로 곤충 표본 만들기

곤충 채집에 성공했다면 곤충 표본도 만들어 보세요. 표본을 만들면 곤충을 이해하는 데 많은 도움이 되지요. 곤충의 이름을 정하고 종을 과명하는 데 표본이 중요한 역할을 하거든요. 그런데 요즘은 생태계 파괴가 심각하니 곤충을 잡을 때 주의해야 해요. 무턱대고 아무 곤충이나 마구 잡아 표본을 만든다면 세상에 살아남을 곤충이 하나도 없을 테니까요.

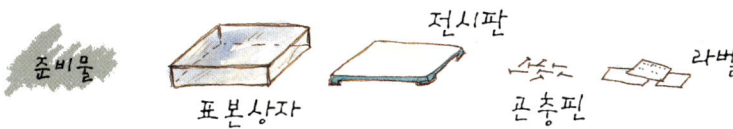

1 곤충핀 꽂기 전시판에 곤충을 고정시키기 위해 곤충핀을 사용해요. 핀은 곤충의 가슴 부위에 수직으로 꽂습니다. 곤충의 굵기에 따라 0~7호 곤충핀이 있습니다.

2 다리와 날개 펴기 구부러지고 비뚤어진 다리와 날개를 펴는 작업입니다. 요령이 없으면 실패하는 경우도 있죠. 특히 다리가 떨어지거나 날개가 찢어질 수 있으므로 주의해야 합니다.

3 말리기 다리와 날개 고정이 끝났으면 말리는 작업에 들어가야 합니다. 서늘하고 건조한 곳에서 적어도 2~3주일 이상 자연스럽게 말려야 하죠. 곤충이 썩지 않도록 습기 제거제를 같이 넣어 두는 것이 좋습니다.

4 라벨 붙이기 채집한 곤충에 대한 정보를 기록해야겠죠? 언제, 어디서, 누가 잡았고, 잡을 당시 상황이 어땠는지, 곤충의 이름은 무엇인지를 적습니다.

표본 보관하기

표본을 만드는 것도 중요하지만, 표본을 관리하는 것도 그만큼 중요합니다. 정성들여 만들었는데, 관리를 잘하지 못해서 망가진다면 너무 속상할 거예요.
먼저 공기가 잘 통하는 나무 상자를 준비하세요. 그래야 곰팡이가 피는 것을 막을 수 있으니까요.
나무 상자의 윗부분은 표본을 관찰하기 편하도록 유리로 되어 있어야 합니다.
나무 상자의 바닥에 두껍고 부드러운 코르크판이나 스티로폼을 깔고 그 위에 표본을 넣으세요.
마지막으로 수시렁이나 표본벌레 따위가 표본을 먹어 치울 수도 있으니, 나프탈렌이나 방부제를 같이 넣는 것이 좋습니다.

곤충의 사랑

세상에서 가장 따뜻한 등

물자라

곤충들 가운데도 사람처럼 자식 사랑이 지극한 녀석들이 몇몇 있습니다. 특히 수컷 물자라는 아빠 사랑을 대표하는 곤충으로 소문이 자자합니다. 알을 어찌나 애지중지 여기는지 잠깐도 떼어 놓지 않고 등에 업고 다닌답니다.

"차 조심하고, 밥 꼭꼭 챙겨 먹고, 덤벙거리지 말고……."
"네, 다녀오겠습니다."
어머니는 제가 집을 나설 때마다 늘 이것저것 챙기며 걱정이십니다. 어른이 된 지금까지도 애틋한 주문 사항은 여전하지요.
우리나라에는 물자라, 큰물자라, 각시물자라 세 종이 살고 있습니다. 그 가운데 가장 흔한 것이 물자라입니다. 물자라의 몸은 거의 타원형이며 편평한 편입니다. 그에 비해 각시물자라는 마름모꼴 모양으로 앞가슴등판은 넓고, 앞 옆모서리는 물자라에 비해 각이 더 커 보입니다.
그런데 왜 물자라는 알을 암컷이 돌보지 않고 수컷이 돌보는 것일까요?
물자라 암컷은 여러 수컷과 짝짓기를 합니다. 그러다 보니 수컷 입장에서는 암컷이 자신의 새끼들을 잘 키울 수 있을지 미덥지 못한 거죠. 행여 암컷이 알을 키운다고 해도 수컷은 마음이 놓이지 않을 것입니다. 암컷이 여러 수컷과 짝짓기를 하기 때문에 그 알이 진짜 자기 새끼인지 확인할 방법이 없으니까요.
결국 물자라 수컷은 알을 암컷에게 맡기지 않고 직접 키우리라

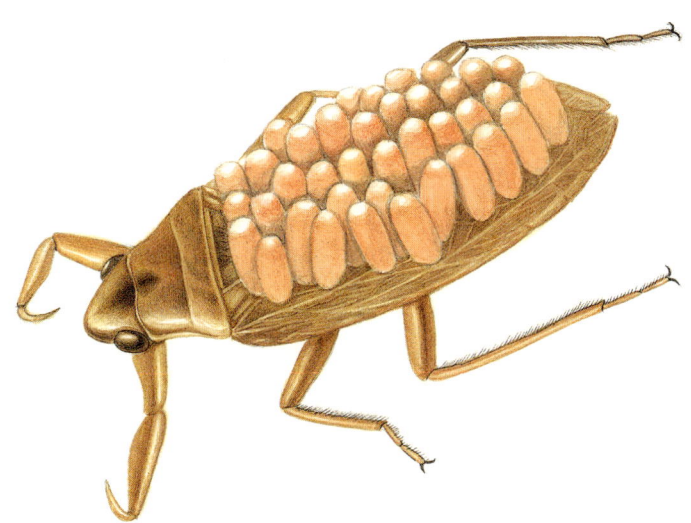

물자라
- ● 과명 : 노린재목 물장군과
- ● 먹이 : 작은 물고기, 올챙이 등
- ● 길이 : 17~20㎜
- ● 사는 곳 : 하천, 호수의 잔잔한 물
- ● 같은 과 곤충 : 각시물자라, 물장군 등

물자라, 겨울에는 축축한 곳에 숨어 있다.

맘먹게 된 것입니다.

물자라는 일반적으로 30~50분 정도 짝짓기를 하는데, 짝짓기가 끝나면 암컷이 수컷의 등에 10여 개의 알을 낳습니다. 그리고 다시 짝짓기를 하여 또 10여 개의 알 낳기를 반복합니다. 약삭빠른 암컷들은 짝짓기를 하지도 않고 눈치를 살피다가 다른 수컷에게 알을 낳아 놓기도 합니다.

수컷의 등에는 30~40개 정도의 알이 붙어 있습니다. 어떤 녀석은 100개까지 붙이고 다니기도 합니다. 수컷 물자라가 등에 알을 업고 다니는 모습은 마치 동전 위에 흰쌀을 다닥다닥 붙여 놓은 것처럼 보입니다.

짝짓기와 알 낳기를 끝낸 암컷은 뒤도 돌아보지 않고 길을 떠납니다. 이때부터 수컷의 알 지키기 작전이 시작되지요. 암컷이 떠나고 나면 수컷은 목숨을 걸고 물 위로 올라갑니다. 알들에게 따뜻한 햇볕과 공기를 쐬어 주기 위해서입니다. 그래야 새끼들이 건강하게 나올 수 있으니까요.

하지만 물 밖에 몸을 내미는 순간 온갖 위험이 시작됩니다. 천적인 물새를 만날 수도 있고, 성격이 괴팍한 물장군을 만날 수도 있지요. 그러면 고스란히 알을 뺏기는 것은 물론이고 목숨까지 잃을 수 있습니다. 하지만 수컷 물자라는 자식들을 위해 모든 위험을 감수합니다.

아빠의 노력으로 알에서 깨어난 새끼들은 날개가 없는 것만 빼면 어른 벌레와 생김새가 비슷합니다. 아빠의 지극한 사랑을 받고 자라서 그 모습까지 아빠를 쏙 빼닮은 모양입니다.

그렇게 태어난 애벌레는 연못 얕은 곳에서 물달팽이 등 작은 곤충들을 먹고 자랍니다. 조금 더 자라면 허물을 벗고 날개를 가진 어른벌레가 되지요. 어른벌레가 되면 날개를 써서 여기저기 날아다닐 수 있게 됩니다.

어른벌레는 올챙이나 어린 물고기, 다슬기 등을 먹습니다. 수풀에 숨어 있다가 먹이가 오면 잽싸게 붙잡아 체액을 빨아먹지요. 그러나 팔 길이가 짧아 제 몸보다 큰 먹이는 잡아먹기 어렵습니다.

나도 물자라를 길러 볼 테야

어항 꾸미기
기포발생기는 없어도 됩니다. 단, 나뭇가지나 물풀, 돌 등을 넣어서 몸을 숨기고 숨을 쉬도록 해줍니다. 5~6월에 암컷이 수컷의 등에 알을 낳을 때는 먹이를 충분히 줍니다. 또 알에서 애벌레가 깨어 나오면 서로 잡아먹을 수도 있으니 컵 같은 것에 한 마리씩 따로 넣어 기릅니다.

먹이
물자라는 살아 있는 먹이만 먹습니다. 작은 종류의 잠자리 애벌레, 올챙이, 새우 등을 먹는데 특히 물에 사는 달팽이를 좋아합니다.

겨울잠 재우기
물자라는 겨울잠을 잡니다. 겨울이 되면 어항에 모래를 넣고 물을 모래 위로 살짝 올라올 만큼 부어 축축한 상태를 만들어 줍니다. 그런 뒤 마른 낙엽, 짚 따위를 많이 깔아 주면 됩니다. 이때 물이 얼지 않도록 주의하세요.

엄마의 희생으로 세상을 보다

집게벌레

일반적으로 곤충은 새끼를 보호하거나 기르는 일이 드문 편입니다. 새끼가 태어날 때쯤이면 어미는 이미 이 세상을 떠나고 없거나 다른 곳으로 가 버리는 경우가 많지요. 그런 이유로 집게벌레의 자식 사랑은 더욱 주목을 받고 있습니다. 알에서 깨어난 새끼를 위해 날마다 신선한 먹이를 잡아다 주니까요.

조카와 뒷산을 산책하고 있을 때였습니다.
"삼촌, 여기 빨래집게같이 생긴 벌레가 있어요."
"뭐? 빨래집게?"
조카가 가리킨 곳을 보니 집게벌레 한 마리가 우리 앞을 지나가고 있었습니다. 집게모양의 꼬리 때문에 빨래집게를 생각했나 봅니다.

고마로브집게벌레
- • • 과명 : 집게벌레목 집게벌레과
- • • 먹이 : 작은 곤충의 알이나 번데기
- • • 길이 : 20~36mm
- • 사는 곳 : 집 주변, 산비탈 등 다양
- • 같은 과 곤충 : 못뽑이집게벌레, 민집게벌레, 좀집게벌레 등

적의 공격에 대비해 알을 지키는 모습

집게벌레는 한 번 알을 낳을 때 100개 정도 낳아요. 그리고 알들이 무사히 부화할 때까지 옆을 떠나지 않습니다. 한 개 한 개 정성 들여 닦은 뒤 산처럼 쌓아 놓고 보호하지요.

암컷 집게벌레는 누군가 알들을 훔쳐 먹으려고 하면 이를 악물고 덤벼듭니다. 어떤 종류는 배마디 옆에서 냄새나는 액체를 뿜어 적을 물리치기도 하지요. 또 실내 온도가 적절하지 않으면 알을 옮겨 놓기도 합니다.

집게벌레가 좋아하는 환경은 습기가 많은 곳입니다. 주로 집 안의 축축한 곳이나 낙엽 밑, 나무껍질 속, 돌 밑에 살고 있지요. 드물게는 바닷가의 물기 있는 흙 속에도 볼 수 있습니다. 또 어떤 녀석들은 동굴박쥐나 들쥐의 피부에 기생하기도 합니다.

입은 까다롭지 않아 아무것이나 잘 먹지만 특히 식물의 잎이나 다른 곤충을 즐겨 먹습니다. 주로 해충이나 벌레를 잡아먹어 우리에게는 이로운 곤충으로 알려져 있지요.

집게벌레는 우리나라에 15여 종 정도 살고 있습니다. 그 가운데 못뽑이집게벌레는 산과 들의 나무 위나 돌 밑에서도 발견됩니다. 몸은 짙은 갈색인데, 자세한 습성에 대해서는 아직 알려져 있지 않습니다.

요즘 들어 아파트에 민집게벌레류가 자주 나타나곤 합니다. 민집게벌레는 몸길이가 16밀리미터 정도로 작으며 약간 뚱뚱한 편입니다. 주로 겨울에 집 안에 들어와 번식을 하는데, 건드리면 집게로 위협하기도 하지요.

숲이 울창한 곳에서는 몸이 길쭉하면서 집게가 날씬하게 생긴 녀석이

바닷가에 나타나는 해변집게벌레

사는데, 이름은 고마로브집게벌레라고 합니다. 우리나라 집게벌레 무리에서 집게가 가장 길고, 큰 나무 위까지 올라가 작은 곤충을 잡아먹고 살지요.

또 좀집게벌레는 나무껍질 틈 또는 돌 밑에서 볼 수 있습니다. 알은 땅속에 낳는데, 알을 낳은 어미는 알 곁을 떠나지 않고 지켜 줍니다.

엄마 집게벌레의 자식 사랑을 보고 있자니 '여자는 약해도 어머니는 강하다.'라는 말이 떠오르지요?

집게는 원래 꼬리털이었다?

이름대로 집게벌레는 배 끝에 집게를 가지고 있습니다. 원래 꼬리털이었던 것이 마치 물건을 집을 때 쓰는 집게처럼 길고 단단하게 변한 것이죠.

집게벌레는 꼬리가 유난히 발달하여 공격이나 방어용 무기로 사용하기도 합니다. 집게 모양은 종마다 그리고 암수마다 차이가 있습니다. 연탄집게처럼 끝 부분이 직선인 것도 있고, 머리집게처럼 둥근 것도 있습니다.

또 집게벌레 가운데는 포유동물에 기생하는 종류도 있습니다. 기생하는 종류의 대부분은 꼬리 부분이 긴 꼬리털 모양입니다.

고마로브집게벌레

좀집게벌레

큰집게벌레

눈코 뜰 새 없는 자식 사랑

쌍살벌

　꿀벌보다 크고 몸통도 긴 벌을 말벌이라고 부릅니다. 그 가운데 대부분이 쌍살벌이지요. 많은 사람들이 말벌을 만나면 일단 당황부터 합니다. 그러다 보니 허둥거리면서 두 팔을 저어 벌을 쫓거나 마구 내달려 도망치기 일쑤지요.

　사실 쌍살벌은 가까운 친척인 말벌들에 비해 둥지에 개체수도 적고 덜 공격적입니다. 말벌들은 벌집 근처에 접근한 사람을 인정사정없이 공격하지만 쌍살벌은 둥지에 아주 가까이 접근하거나 둥지를 직접 해치지 않는 한 절대로 사람을 공격하지 않습니다.
　쌍살벌의 생김새를 살펴보면 말벌과는 약간 차이가 있습니다. 몸이 더 가늘고 첫째 배마디가 자루처럼 되어 있지요. 또 날아다닐 때는 맨 뒷다리를 축 늘어뜨리는 습성이 있습니다.
　그런데 왜 쌍살벌이란 이름이 붙었을까요? 날 때 마치 대나무살이나 창살 따위를 쌍으로 들고 다니는 것처럼 보이기 때문입니다.
　거의 모든 곤충들을 무차별적으로 사냥하는 말벌들과는 달리 이 녀석들은 주로 나방이나 나비의 애벌레 같은 말랑말랑한 곤충을 애벌레의 먹이로 삼습니다.
　쌍살벌 조직은 여왕벌에서 시작됩니다. 겨울을 난 여왕벌이 집을 짓고 방마다 알을 낳으면서 쌍살벌 사회가 커지기 시작하지요. 애벌레들은 보통 20~30일 사이에 어른벌이 되고, 어른이 되면 집 짓기에서부터 애벌레 돌보기 등 많은 일을 담당합니다.
　특히 애벌레들에게 많은 정성을 들입니다. 예를 들어 장마철 쌍

등검정쌍살벌
- ● 과명 : 벌목 말벌과
- ● 먹이 : 나비 등의 애벌레
- ● 길이 : 10~23㎜
- ● 사는 곳 : 낮은 산지
- ● 같은 과 곤충 : 두눈박이쌍살벌, 별쌍살벌 등

살벌의 집에 물이 들어가면 집이 썩을 뿐 아니라 애벌레나 번데기가 죽을 수도 있습니다. 이런 불상사에 대비해 쌍살벌들은 부지런히 몸을 움직입니다. 벌집 안에 스민 물기를 입으로 쪽쪽 빨아들인 뒤 집 밖으로 나가 뱉어 내기를 반복하는 것입니다. 아침에 이슬이 내렸을 때도 같은 행동을 합니다.

쌍살벌의 자식 사랑은 여기서 끝이 아닙니다. 더위가 계속되는 여름에는 몸이 열 개라도 모자랄 지경입니다. 애벌레들이 더위에 지쳐 힘들어하면 날개로 쉬지 않고 부채질을 해줍니다. 이것도 효과가 없다 싶으면 근처 개울로 가서 입으로 물을 길어와 애벌레들의 목을 축이게 합니다. 또 집에도 물을 뿌려 열기를 식혀 주지요.

우리나라에는 7종의 쌍살벌이 살고 있습니다. 이 가운데 흔히 볼 수 있는 종은 별쌍살벌, 두눈박이쌍살벌, 등검정쌍살벌, 뱀허물쌍살벌 등 4종입니다.

별쌍살벌은 환경에 잘 적응하는 벌입니다. 아파트 베란다 같은 곳에서 둥지가 곧잘 발견되지요. 집 짓기에도 어찌나 신경을 쓰는지, 둥지 지붕과 주기둥이 구릿빛으로 번질번질해질 때까지 침을 바른답니다. 이렇게 하면 개미의 침입을 막을 수 있습니다.

두눈박이쌍살벌은 배 위에 찍혀 있는 2개의 노란 점이 마치 눈 같다고 하여 붙여진 이름이에요. 주로 낮은 풀숲이나 나뭇가지에 둥지를 만들지만 사람이 사는 근처에도 자주 둥지를 틉니다.

등검정쌍살벌은 20~26밀리미터의 대형 쌍살벌로 주택가에서 흔하게 볼 수 있습니다.

뱀허물쌍살벌은 다 완성된 둥지가 마치 뱀이 허물을 벗어 놓은

집을 지키고 있는 별쌍살벌. 애벌레와 번데기 방이 보인다.

것 같다고 하여 붙여진 이름입니다. 가을이 되면 개체수가 60~150마리 정도로 늘어나는데, 쌍살벌 가운데 상당히 많은 수를 차지하지요.

이름은 약간씩 다르지만 자식 사랑만큼은 다른 곤충에게 결코 뒤지지 않는 쌍살벌이야말로 미워하려야 미워할 수 없는 곤충임에 틀림없습니다.

우리는 집 짓기 선수

쌍살벌은 집을 짓기 위해 죽은 나무껍질을 긁어 섬유질을 얻어 냅니다. 그런 다음 섬유질을 오물오물 잘 씹은 뒤 침과 섞지요. 침과 섞인 섬유질은 마치 풀처럼 되는데, 그것으로 집을 짓는 것입니다. 그런 다음 벌집 속에 육각형 모양의 방을 여러 개 만듭니다.

쌍살벌의 집은 웬만해서 허물어지지 않습니다. 말벌과는 달리 이미 만들어진 둥지의 지붕이나 기둥에 침을 덧발라서 둥지의 강도를 높였기 때문입니다. 침이 덧발라진 둥지 부분은 방수 효과도 매우 우수합니다. 바깥벽을 따로 만들지 않는 쌍살벌들에게는 비바람을 막는 꼭 필요한 기능이지요.

(좌) 두눈박이쌍살벌집
(우) 별쌍상벌집

(좌) 등검정쌍살벌집
(우) 뱀허물쌍상벌집

사랑을 표현하는 것

잠자리

　잠자리 날아다니다 / 장다리 꽃에 앉았다 / 살금살금 바둑이가 / 잡다가 놓쳐 버렸다 / 짖다가 날려 버렸다

　잠자리는 우리 주변에서 흔히 볼 수 있는 곤충입니다. 푸른 하늘을 자유롭게 날아다니는 잠자리를 보며 '나도 저렇게 날아 봤으면.' 하고 부러워하던 어린 시절이 있었지요.

　그런데 날아다니는 잠자리를 보며 부러워하던 마음은 이내 잠자리를 괴롭히는 쪽으로 발전했습니다. 친구들과 잠자리 꼬리에 실을 매달아 다니는가 하면, 날개를 떼어서 날지 못하게 만들기도 했습니다. 또 잠자리 두 마리를 잡아서 꼬리를 잘라낸 뒤 가느다란 나뭇가지에 서로의 꼬리를 꽂아 시집장가 보낸 일도 있습니다. 얼마나 아팠을까요? 어린 시절이었다고는 해도 잠자리한테 못된 짓을 참 많이 했다는 생각이 듭니다. 그래서 가끔 잠자리를 볼 때마다 미안하다고 혼잣말로 사과를 하곤 하지요.

　우리나라에는 잠자리목에 속하는 77종과 실잠자리목에 속하는 22종이 살고 있습니다. 우리나라에 사는 잠자리 가운데 가장 큰 것은 11센티미터정도 되는 장수잠자리이고, 가장 작은 것은 2센티미터 정도의 꼬마잠자리입니다. 대부분의 잠자리는 6월부터 9월 사이에 우리나라 어디서나 볼 수 있습니다.

　가장 많은 잠자리는 잠자리과에 속하는 것들입니다. 밀잠자리, 베치레잠자리, 된장잠자리, 고추잠자리, 여름좀잠자리 같은 것들이 바로 여기에 들어가지요.

깃동잠자리
- 과명 : 잠자리목 잠자리과
- 먹이 : 모기, 하루살이 등
- 길이 : 1~15㎜
- 사는 곳 : 물가
- 같은 과 곤충 : 고추잠자리, 된장잠자리 등

이 녀석들은 보기에는 순해 보이지만 생각보다 괴팍한 구석이 있습니다. 특히 먹이를 잡아먹을 때 그렇습니다. 모기나 각다귀, 하루살이 따위를 잡아먹는 잠자리들은 먹이를 잡을 때만큼은 아주 신중하지요. 요리조리 날아다니며 자기보다 작은 곤충을 보면 어김없이 사냥에 들어갑니다. 그때는 몸짓도 상당히 날쌔답니다. 공중에서 순식간에 다리로 먹이를 감싸고 날카로운 턱으로 먹이를 아삭아삭 씹어 먹지요. 잠자리가 공중 비행에 능숙하고 시속 100킬로미터로 날아다니기에 가능한 일입니다.

두 쌍의 날개를 가진 곤충은 정지비행과 가속비행을 자유자재로 할 수 있어요. 특히 잠자리는 앞날개와 뒷날개를 각각 따로 움직일 수 있기 때문에 훨씬 효과적으로 날 수 있습니다.

때때로 느긋하게 공중 여행을 하다가도 늦여름쯤 되면 바삐 움직이는 녀석들을 볼 수 있습니다. 바로 짝짓기의 시기가 온 것이지요.

잠자리는 어른벌레가 된 뒤에는 계속해서 짝을 찾아 활동합니다. 그 사이 짝을 만나면 죽을 때까지 떨어지지 않습니다. 아마 관심 있는 친구들은 잠자리가 붙은 채로 날아다니는 것을 본 적이 있을 거예요.

하트 모양으로 짝짓기 하는 아시아실잠자리

짝짓기는 암컷이 수컷의 영역에 들어가면서 시작됩니다. 이때 암수 잠자리는 서로 얽혀 꼬리로 독특한 하트(♥) 모양을 만듭니다. 저는 그 모양을 볼 때마다 참 흐뭇합니다. 얼마나 서로를 사랑하면 짝짓기를 하는 순간에 하트 모양을 만들까요? 모양 만들기가 쉽지 않을 텐데도 두 잠자리는 오랫동안 그 모양을 하고 있습니다.

짝짓기가 끝나면 암컷은 알 낳기에 들

어갑니다. 종류에 따라 암컷 혼자서 알을 낳는 경우도 있고, 왕잠자리과와 실잠자리과 일부는 암수가 서로 붙어서 알 낳기를 하기도 합니다.

사랑의 결실인 알을 낳고 난 뒤에는 암컷과 수컷 모두 죽고 맙니다. 암컷은 물속에 알을 낳느라 기진맥진해졌고, 수컷은 암컷이 물에 빠지지 않도록 꽉 잡아 주느라 힘이 쭉 빠져 죽게 되는 것입니다.

잠자리에게 최면 걸기

잠자리의 눈은 겹눈 2개, 홑눈 3개로 이루어져 있습니다. 홑눈은 정수리에 3개가 있고, 겹눈은 1만 개에서 3만 개 정도로 이루어진 낱눈으로 구성되어 있습니다.

눈의 특성 덕에 잠자리는 움직이는 물체를 남보다 빨리 볼 수 있어요. 6미터 앞에 있는 것도 쉽게 볼 수 있고, 움직이는 물체일 경우에는 20미터 정도 떨어진 것도 알아차립니다.

그러나 잠자리의 눈앞에서 손가락을 빙빙 돌리면 잠자리는 움직이는 물체를 너무 빨리 파악해 잠시 혼란스러워합니다. 손가락이 움직이는 방향을 따라 머리가 돌아가기도 하죠.

그럴 때 다른 손으로 잠자리 날개를 잡아 보세요. 잠자리는 최면에 걸린 것처럼 꼼짝 못하고 잡힙니다.

깃동잠자리, 더듬이는 짧고 눈은 매우 크다.

사랑은 반짝반짝 빛을 타고

반딧불이

우리나라에서는 사라져 가는 반딧불이 서식지를 천연기념물로 정하고 있습니다. 전라북도 무주군 설천면 남대천 일대가 바로 그곳이에요. 여기서는 매년 반딧불이 축제가 열립니다.

반딧불이를 처음 본 것은 초등학교에 다닐 무렵이었습니다. 여름방학으로 기억하는데, 친구들과 근처 계곡에 놀러갔다가 반짝반짝 반딧불이를 만났지요.
　수 십, 수 백 마리의 반딧불이가 반짝거리는 모습이란 말로는 설명이 안 될 정도로 황홀하답니다.
　우리나라에는 8종의 반딧불이가 사는 것으로 알려져 있습니다. 그런데 최근에는 애반딧불이, 운문산반딧불이, 늦반딧불이 정도만 확인되고 있습니다. 그 가운데 가장 먼저 만날 수 있는 것은 애반딧불이로 5월 중순이면 그 모습을 드러냅니다. 가장 늦게 나오는 것은 늦반딧불이예요. 8월 하순에서 9월 초순까지 활동합니다.
　반딧불이가 반짝반짝 빛을 내는 것은 서로 의견을 나누기 위해서랍니다. 다른 동물처럼 소리를 내거나 냄새를 잘 맡지 못하기 때문에 빛으로 서로의 생각을 전달하지요.
　특히 암수가 서로 짝을 찾을 때 그 불빛이 큰 역할을 해요. 수컷이 암컷에게 사랑을 고백하는 뜻으로 빛을 깜박이면 암컷도 반짝거리며 대답합니다. 빛으로 어떻게 얘기할까 싶지만 빛을 빠르게 또는 천천히 깜박이거나, 점점 밝게, 점점 약하게 조절하는 방법으로 여러 가지 생각을 표현하지요.

애반딧불이
- 과명 : 딱정벌레목 반딧불이과
- 먹이 : 달팽이, 우렁이
- 길이 : 8~20㎜
- 사는 곳 : 냇가, 산기슭
- 같은 과 곤충 : 늦반딧불이 등

반딧불이의 뱃속에는 '루시페린'이라는 물질이 있습니다. 그 물질이 산소와 만나서 빛을 내는 거예요. 수컷은 배의 다섯째와 여섯째 마디에서, 암컷은 배의 다섯째 마디에서만 빛을 냅니다. 보통 여름밤 8~10시 사이, 맑은 날보다 습하고 흐린 날에 강한 빛을 냅니다.

도대체 반딧불이는 뭘 먹고 그토록 아름다운 빛을 내는 걸까요? 어른이 된 반딧불이는 이슬을 먹고, 반딧불이의 애벌레는 다슬기나 달팽이를 먹고 삽니다.

애벌레는 물에 사는 것과 땅에 사는 것으로 나뉘는데, 우리나라에서는 애반딧불이 한 종만 물에서 살고 나머지는 모두 땅에서 생활해요. 그러다 보니 물에서 사는 애반딧불이는 다슬기를 주로 먹고, 나머지는 달팽이를 주로 먹는 것입니다.

반딧불이 애벌레는 달팽이 전문 사냥꾼이라고 불릴 정도로 먹성이 대단해요. 입에서 나오는 독으로 달팽이를 마비시킨 다음, 달팽이가 움직이지

못하면 그때부터 살살 녹여서 먹는답니다.
　이야기를 듣다 보니 직접 반딧불이를 보고 싶지요? 그러나 반딧불이를 만나기는 그리 쉽지 않아요. 반딧불이는 애벌레의 먹이가 많고 물이 깨끗한 곳에서 살거든요.

반딧불이가 밝을까? 개똥벌레가 밝을까?

정답은 '둘 다 똑같다' 입니다. 반딧불이와 개똥벌레는 같은 곤충이거든요. 반딧불이가 공식적인 이름이고, 개똥벌레는 경기 지역에서 반딧불이를 부르는 또 다른 이름이에요. 그런데 반딧불이에게 왜 '개똥' 이라는 단어가 붙었을까요?

우리나라 말에서 '개똥'이 들어가는 말은 보잘것없고 천한 것을 뜻합니다. '개똥밭'은 기름지지 않은 하찮은 밭을 가리키고, '개똥참외' 역시 저절로 자라는 흔한 참외를 말하지요. 이것으로 미루어 볼 때, 옛날에는 반딧불이가 너무 많아 지천에 깔려 있다는 뜻으로 개똥벌레라고 불렸을 가능성이 있습니다.

이 밖에도 강원도와 충청북도에서는 '개똥불', 전라북도에서는 '반듸', 평안남도에서는 '반리반리불', 평안북도에서는 '깨띠버리'라고 불렸습니다.

운문산반딧불이

애반딧불이

곤충 박사님이 들려주는 곤충 이야기
같은 종류의 나비인데 왜 계절에 따라 모양이 달라요?

■ **곤충 박사님** ▶ 봄 하면 떠오르는 것 세 가지만 말해 볼까? 알록달록 꽃, 팔랑팔랑 나비, 모락모락 아지랑이! 그 가운데 가장 흥미로운 건 당연히 나비지. 왜냐, 나는 곤충 박사이니까. 자, 그럼 계절에 따라 달라지는 나비에 대해 알아볼까?

나비는 나비목의 곤충을 통틀어 이르는 말이야. 나비의 머리에는 끝이 부푼 한 쌍의 더듬이와 두 개의 겹눈이 있어. 몸은 가늘고 둥글며 털과 가루로 덮여 있지. 날개는 넓적하고, 앉을 때는 날개를 세워. 나비는 낮에만 활동하는데, 주로 꽃의 꿀이나 수액을 먹고 산단다.

완전탈바꿈 과정을 1년에 한 번만 거치는 나비가 있는가 하면 두세 번 되풀이하는 나비도 있어. 2세대 이상 거치는 것 가운데 계절에 따라 모양이 달라지는 나비를 계절형 나비라고 부르지. 봄형, 여름형, 가을형, 월동형 나비가 있단다. 유충 시기에 햇볕을 쬐는 시간이 기나 짧으냐에 따라 계절형이 좌우되는 것이지.

같은 나비여도 봄에 태어나는 나비는 몸집이 작고 여름에 태어나는 나비는 몸집이 크단다. 또 같은 종인데 계절에 따라 다른 모양과 다른 빛깔을 지니기도 해.

호랑나비는 봄형(4~5월)과 여름형(6~10월)으로 나뉘어. 봄형은 몸 길이가 20~24밀리미터이고, 날개를 편 길이는 70~75밀리미터 정도 돼. 그리고 여름형의 몸 길이는 30밀리미터 정도 된단다. 긴꼬리제비나비도 봄형(5~6월)과 여름형(7~8월)이 있어.

봄형　　호랑나비　　여름형

여름형　　먹나비　　가을형

먹나비는 여름형(6~8월)과 가을형(9~10월)으로 나뉜단다. 여름형의 암컷은 날개 폭이 넓고 둥그스름하며, 바탕색이 연하고 앞날개의 윗면에 있는 적등색 무늬가 더 짙어. 가을형은 날개 모양과 날개 윗면의 바탕색이 여름형과 비슷하지만, 암컷이 수컷보다 날개 아랫면 황색이 더 짙고 무늬가 더 뚜렷해.

뿔나비는 여름형(6~10월)과 어른나비로 겨울을 난 뒤 3~5월에 나오는 월동형이 있어. 월동형 뿔나비는 어른나비 상태로 겨울을 나고 봄이 되면 알을 낳은 뒤 일생을 마친단다.

뿔나비

여름형

나도 미래의 곤충박사

곤충 관찰일지를 쓰자!

곤충을 만나고 기록해 두지 않으면 까먹는 경우가 많아요. 곤충을 어디서 잡았는지, 그때 날씨가 어땠는지, 곤충을 만났을 때 어떤 기분이었는지 금세 잊어버리죠.

그러나 야외에서 만난 곤충들을 그날그날 잘 기록해 두면 먼 훗날 정말 귀중한 자료로 이용할 수 있습니다.

어렵게 생각할 필요는 없어요. 곤충을 만났던 날짜와 날씨, 주변 환경, 곤충의 움직임 등을 있는 그대로 써 넣으면 돼요. 사람들과 나누었던 대화를 넣거나, 그림 혹은 사진을 붙이면 더욱 실감나는 관찰일지가 되지요.

동진이의 관찰일지

사마귀 관찰

2006년 7월 24일			관찰시간 : 오후 1-3시
사진 자료	그림	관찰 내용	무엇을 느꼈나요?
		• 얼굴 모양이 역삼각형이다. • 메뚜기를 넣어 주니 다리를 들고 겁 주는 행동을 했다. • 사마귀가 메뚜기를 씹어 먹었다.	• 사마귀는 채식보다는 육식을 좋아한다. • 보기보다 사납다.

매미 관찰

일시	2005년 7월 3일		날씨	맑음
관찰 대상	매미		기록자	정동진
관찰한 내용		관찰한 모양		
집 앞 미루나무에서 매미들이 울었다. 나무 곳곳에는 매미들이 벗은 허물이 많이 있었다. 매미는 '맴~맴~맴맴맴' 하고 울었다. 나무 껍질 속을 살펴보니 이상한 벌레들이 많이 있었다.				
알아낸 사실	매미들의 생김새가 약간씩 달랐고, 소리도 차이가 있었다.			

5장
곤충의 갖가지 무기

뜨거운 독가스 맛 좀 볼래?

폭탄먼지벌레

　폭탄먼지벌레는 지독한 냄새뿐만 아니라 끓는점 100도에 가까운 수증기도 같이 뿜어 냅니다. 배 뒤쪽에 붙어 있는 대포 한 방의 위력은 가히 위협적이지요.
　녀석은 몸 속에 폭발성 물질인 하이드로퀴논과 과산화수소를 가지고 있는데, 적이 나타나면 순간적으로 이 두 물질을 섞어서 쏘아 댑니다.

　폭탄먼지벌레의 뜨거운 맛을 잘 모르던 때의 일입니다. 방귀를 푹푹 발사하는 모습을 자주 보아온 터라 별것 아니려니 하고 손으로 덥석 잡아들었습니다. 그런데 이게 웬일입니까? 화끈거리는 뜨거운 느낌이 손에 확 전해져 깜짝 놀라 놓아 버렸죠. 말로만 듣던 폭탄먼지벌레의 독가스 위력을 직접 경험한 것입니다.
　'퍽!' 소리가 나는 이 액체는 초당 500~1000방울이 발사됩니다. 보기에는 안개처럼 보이는데, 그 위력이 최고 1미터까지 가기도 합니다. 게다가 전후좌우 방향까지 마음대로 조절할 수 있어서 당하는 입장에서는 여간 난감한 것이 아닙니다.
　결국 손으로 만진 곳은 살짝 화상을 입어 시꺼먼 자국이 생겼는데, 몇 주가 지난 뒤에야 자국이 사라졌습니다. 살다살다 그렇게 무서운 방귀는 처음이었습니다. 다른 천적들도 쉽사리 폭탄먼지벌레를 건드리지 못할 것이라는 생각이 들더군요.
　이 녀석을 알기 전에는 스컹크만큼 지독한 방귀쟁이도 없다고 생각했습니다. 그러나 한번 경험하고 보니 폭탄먼지벌레의 위력

폭탄먼지벌레
- ● 과명 : 딱정벌레목 폭탄먼지벌레과
- ● 먹이 : 작은 곤충
- ● 길이 : 11~18mm
- ● 사는 곳 : 호수나 개천 주변
- ● 같은 과 곤충 : 남방폭탄먼지벌레, 목가는먼지벌레

밤에 돌아다니는 폭탄먼지벌레

도 무시할 수 없더라고요. 실제로 스컹크는 한 번 쏠 때마다 온 힘을 다하기 때문에 한동한 방귀를 뀌지 못합니다. 그에 비하면 폭탄먼지벌레는 연속적으로 뀌어도 냄새가 처음과 거의 똑같죠.

폭탄먼지벌레는 딱정벌레목으로 우리나라, 중국, 일본에 많이 살고 있습니다. 사람들이 사는 마을 주변의 밭에서부터 산지에 이르기까지 다양한 곳에서 생활을 합니다. 이 녀석들은 특히 습기가 많은 곳을 좋아합니다.

낮에는 돌이나 낙엽 밑 또는 흙 속에 숨어 있다가 밤이 되면 슬슬 모습을 드러내 곤충을 잡아먹습니다. 식성도 까다롭지 않아 달팽이나 나방 애벌레, 굼벵이 따위의 작은 곤충을 먹습니다.

폭탄먼지벌레에 대해서는 그다지 많이 알려져 있지 않지만, 여름철에 주로 발견되는 것으로 보아 겨울철에 애벌레 상태로 있다가 여름이 되면 땅 위로 올라오는 한해살이 곤충이라고 할 수 있습니다.

만약 폭탄먼지벌레를 만나면 피하는 것이 상책입니다. 하지만 꼭 잡아 보고 싶다면 나뭇가지로 건드려서 자꾸 방귀를 뀌게 하세요. 네 번쯤 방귀를 뀌고 나면 잠시 동안이지만 화학물질이 다시 만들어질 때까지 방귀를 뀌지 못하거든요.

죽은 폭탄먼지벌레를 발견했어도 일단은 조심해야 합니다. 이들은 죽은 뒤에도 이미 만들어 놓은 방귀 성분이 몸속에 저장되어 있기 때문에 배 부근을 누르면 살았을 때와 같은 반응을 보이거든요. 살아서도 죽어서도 가까이 하기에는 너무 먼 곤충이지요.

그러나 이런 곤충과 사귀면 유익한 면도 있을 것 같지 않나요? 말 안 듣는 동생이나 친구와 싸울 때 왠지 도움이 될 것 같다는 생각이 드네요. 티격태격 싸우다가 폭탄먼지벌레가 방귀를 뿡~ 하고 뀌어 주면 다들 코를 막고 이리저리 도망가기 바쁠 테니까요. 단, 싸우기 전에 장갑을 끼고 마스크를 해야 한다는 것을 잊지 마세요. 미운 친구 혼내 주려고 맨손으로 건드렸다가 오히려 여러분이 혼쭐날 수 있으니까요.

방귀벌레에서 폭탄먼지벌레로

폭탄먼지벌레를 예전에는 방귀벌레라고 불렀습니다.
사실, 우리나라가 1945년에 일본으로부터 독립하기 전에는 거의 대부분의 곤충이 우리의 이름을 갖지 못했습니다. 곤충 연구가 주로 일본 점령기인 1900년대부터 이루어졌기 때문에 모든 곤충이 일본 이름을 갖게 된 것이죠.
해방이 되자마자 우리나라 학자들은 아주 급하게 생물들의 이름을 지어야 했습니다. 곤충도 예외는 아니었습니다. 그때 이 곤충에 붙여진 이름이 바로 '방귀벌레'입니다. 그 뒤 여러 번 이름이 바뀌다가 지금의 '폭탄먼지벌레'가 된 것입니다.
이름이 '방귀'에서 '폭탄'으로 바뀐 이유는 이들이 내뿜는 것이 방귀보다는 고열의 폭탄과 다름없는 소리를 내기 때문이랍니다.

날쌘 곤충 사냥꾼

왕파리매

    왕파리매는 사냥한 곤충에 두꺼운 주둥이를 찔러 넣고 체액을 빨아먹는 육식 곤충입니다. 날아다니는 곤충을 얼마나 잘 사냥하는지 그 모습이 매와 같다고 하여 파리매라는 이름이 붙었지요. 몸에 털도 많고, 눈도 부리부리해서 보고만 있어도 사냥꾼의 날렵함이 느껴질 정도입니다.

    "어? 파리가 벌을 먹네?"
    "파리가 어떻게 벌을 먹어. 파리가 아니겠지."
    왕파리매를 알게 된 것은 초등학교에서 중학교에 올라갈 무렵이었습니다. 친구와 풀밭에서 녀석을 봤는데, 녀석은 공중을 한 바퀴 휘~잉 돌더니 어느새 벌을 잡아서 맛있게 식사를 하는 것이었습니다. 파리의 얼굴을 하고 벌을 잡아먹는 모습에 친구와 저는 한동안 신기해했답니다.

    왕파리매는 파리매과의 곤충인데, 파리매는 우리나라에 6종이 살고 있습니다. 그 가운데 왕파리매는 다른 파리매에 비해 날렵하고 사나워서 왕이라는 말이 붙었습니다.

    파리와도 가까운 친척이지요. 그러나 성격은 많이 다릅니다. 파리매는 일단 사람의 음식에 손을 대지 않습니다. 우리나라와 일본, 대만 등지에서 주로 만날 수 있습니다.

    날아다니는 웬만한 곤충은 다 잡아서 체액을 빨아먹기 때문에 비행 곤충들에게는 끔찍한 존재이기도 합니다. 같은 형제인 파리나 풍뎅이는 물론 땅벌이나 소형 말벌들도 걸리면 움쭉달싹 못 합

왕파리매
- 과명 : 파리목 파리매과
- 먹이 : 벌, 파리 등
- 길이 : 20～28㎜
- 사는 곳 : 숲, 풀밭, 개울가 등
- 같은 과 곤충 : 검정파리매, 광대파리매 등

먹이를 기다리는 왕파리매

노린재를 공격하는 왕파리매

왕파리매의 짝짓기

니다. 심지어 비행을 잘한다는 잠자리도 피해 갈 수 없는 무시무시한 놈이지요.

왕파리매가 사냥을 잘하는 까닭은 뛰어난 비행술과 타고난 몸 덕분입니다. 사냥한 곤충을 들고 다닐 수 있도록 가슴 근육도 발달해 있고요. 또 굵은 넓적다리에 가늘고 긴 다리는 공중에서 사냥감을 낚아채기에 안성맞춤입니다. 넓적다리에는 가시가 나 있어서 한 번 걸리면 도무지 빠져 나올 수가 없지요.

이런 이유 때문인지 왕파리매는 치사하게 몰래 뒤로 다가가서 먹이를 잡거나 하지 않습니다. 당당하게 날아다니다 순식간에 확 잡아채지요. 그런 다음 앞다리로 먹잇감을 잡고 주둥이를 찔러 넣는 것입니다.

왕파리매는 곤충들에게는 무시무시한 녀석일지 몰라도 인간에게는 이로운 곤충입니다. 농작물에 해를 끼치는 곤충을 잡아먹기 때문이지요.

그렇다고 다가가서 반가운 척 할 필요는 없습니다. 괜히 아는 체했다가 물릴 수도 있거든요.

사나운 왕파리매는 짝짓기를 할 때도 힘을 발휘합니다. 수컷은 마음에 드는 암컷을 발견하면 일단 먹이 사냥을 합니다. 그 날은 유난히 맛난 먹이를 골라 맘에 드는 암컷에게 줍니다. 이 행동은 인간 남자들이 여자에게 꽃을 주는 행동과 같습니다. 먹이를 받은 암컷은 무척 좋아하겠죠? 수컷은 암컷이 기쁘게 먹이를 먹을 때를 노립니다. 암컷이 먹이에 정신을 쏙 빼놓고 있는 틈을 타 짝짓기를 하는 것이죠. 그래서 녀석을 찍은 사진 중에는 먹이를 먹는 암컷과 짝짓기 하는 모습이 종종 등장합니다.

물리면 잠이 오는 체체파리

아프리카에 사는 체체파리는 사람에게 잠병을 옮기기로 유명합니다. 그 나라 말로 '소를 죽이는 파리'라는 뜻을 가지고 있지요.
체체파리는 사하라사막 이남에 살고 있습니다. 지금은 의학이 발달하여 대부분의 사람들이 면역성을 가지고 있기 때문에 별 문제가 되지 않습니다. 그러나 옛날에는 공포의 대상이었어요. 한 번 물리면 2주 정도 잠이 드는데 2주가 지나도 깨어나지 못하면 영영 깨어나지 못합니다.
사실 잠병을 일으키는 것은 체체파리가 아닌 체체파리가 옮기고 다니는 편모충입니다. 이 병균이 사람에게 전달되면 잠이 드는 것이랍니다.

독을 품고 살지만

남가뢰

    가뢰는 우리나라에 20여 종 정도 살고 있습니다. 먹가뢰, 청가뢰, 남가뢰 따위로 색깔에 따라 이름을 붙이는 경우가 많습니다. 독성으로 치자면 청가뢰가 가장 위협적입니다. 이들은 모두 몸속에 독이 있어 잘못 건드리면 목숨까지 위험해질 수 있지요.

    친한 후배와 같이 채집을 나갔다가 남가뢰를 만났습니다. 날개가 짧고 배가 기형적으로 큰 것이 딱 남가뢰였지요. 풀섶에 앉아 게걸스럽게 풀을 갉아먹고 있더군요. 평소 가뢰가 위험하다는 말을 들었는데, 정말 그런지 만난 김에 확인해 보고 싶었습니다.

    핀셋으로 잡아서 툭툭 건드렸더니 다리 마디에서 노란색 진물이 나왔습니다. 얼른 후배의 소매를 걷은 다음 그 액을 팔에 발라 주었습니다. 저도 살짝 발라 보았고요.

    시간이 지나자 뜨거운 물에 데었을 때처럼 팔이 점점 화끈거리더군요. 조금 닿았을 뿐인데 살이 쉽게 짓물렀습니다. 그 자리에

남가뢰
- ● 과명 : 딱정벌레목 가뢰과
- ● 먹이 : 풀 등
- ● 길이 : 11~30㎜
- ● 사는 곳 : 풀밭
- ● 같은 과 곤충 : 청가뢰, 먹가뢰 등

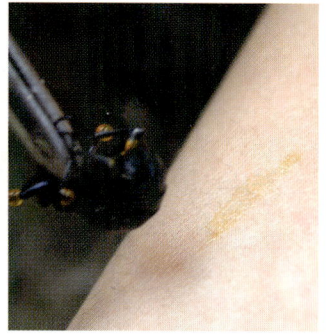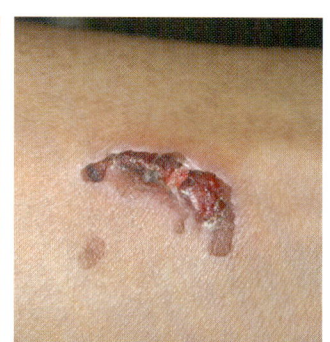

남가뢰 독 실험 : 남가뢰를 팔에 대었을 때 나타나는 반응

생긴 물집은 한참 뒤에 터져서 흉터로 남았습니다. 산을 내려올 때쯤에는 후배의 팔뚝에도 커다란 물집이 생겼고 그것도 터져서 흉터가 되었습니다. 괜한 일을 했다 싶었지만, 이미 엎질러진 물이었습니다. 상처를 치료하면서 후회를 많이 했습니다. 후배에게도 미안했고요.

아무튼 직접 확인해 본 결과 남가뢰의 독은 무척 위험합니다. 전문가들은 남가뢰가 가지고 있는 독성물질을 '칸타리딘'이라고 부릅니다. 얼마나 독한지 곤충을 즐겨 먹는 새들도 고개를 절레절레 흔들 거예요.

남가뢰는 4월에서 10월 사이에 주로 나타납니다. 몸 빛깔은 흑남색이고 머리와 딱지날개에 많은 점무늬가 있습니다. 이들의 몸은 좁고 원통 모양이며 딱지날개가 매우 짧습니다. 뒷날개도 없습니다.

남가뢰는 가지고 있는 독에 비해 성격이 여유로운 편입니다. 그리고 메뚜기나 뒤영벌에게 빌붙어 사는 습성이 있습니다. 알에서 깨어난 애벌레는 꽃술 근처에 앉아 뒤영벌이 오기만을 기다리지요. 이제나 저제나 기다리다가 뒤영벌이 오면 다리에 착 달라붙어 뒤영벌의 집으로 가서 생활합니다. 뒤영벌이 끝끝내 오지 않아 기다리다가 그대로 죽는 경우도 있습니다.

그렇다면 다른 곤충이 왔을 때 남가뢰는 어떻게 할까요? 사실 녀석들은 누가 오든 상관없이 다리만 보면 매달립니다. 뒤영벌이면 다행이지만 천적일 경우에도 일단 매달리고 뒷일은 다음에 생각합니다.

그러다 보니 남가뢰가 살아남을 수 있는 확률은 그리 높지 않습니다. '칸타리딘'을 가지고 있지만 제대로 써먹지도 못하고 죽는 경우도 많습니다. 이렇게 살아남을 확률이 적으니, 남가뢰 암컷들은 한 번에 2,000개 정도의 많은 알을 낳습니다.

알이 2,000개라니, 정말 엄청난 숫자이지요? 하나하나 세려 든다면 시간이 꽤 걸릴 거예요. 그렇게 암컷 남가뢰는 평생 1만 개가 넘는 알을 낳는답니다. 그런데 거기서도 살아남는 놈은 몇 안 된다고 하니, 엄마 남가뢰 입장에서는 여간 슬픈 일이 아니랍니다.

남가뢰가 뒤영벌을 만나면

남가뢰 애벌레가 뒤영벌을 만나면 무슨 일이 일어날까요?
남가뢰 애벌레는 벌의 다리에 찰싹 달라붙어 뒤영벌의 집으로 이동합니다. 새끼 기르는 방에 도착한 애벌레는 먼저 뒤영벌의 알을 먹어 치우고 한 단계 성장합니다. 이때 알을 먹지 못하면 죽고 맙니다. 그 뒤에는 뒤영벌이 모아 놓은 꿀 경단을 야금야금 먹으면서 생활합니다. 얼마 뒤에는 뒤영벌의 새끼인 애벌레를 잡아먹기도 합니다. 이때쯤 되면 남가뢰 애벌레는 피부가 딱딱해지고, 돌아다닐 수 있는 능력도 떨어져 한동안 잠에 빠져듭니다. 이 상태로 남가뢰는 겨울을 보냅니다. 왜 애벌레 상태에서 일시적으로 잠을 자는지는 아직 수수께끼로 남아 있습니다.
어쨌거나 겨울잠을 자고 난 애벌레는 여전히 먹이도 먹지 않고, 움직이지도 못한 채 한동안 살아가다가 어느 순간 번데기로 변하고, 완전탈바꿈하여 어른벌레가 됩니다.

죽음의 덫, 걸리면 저승길

개미귀신

　개미귀신, 이름부터 참 험악하죠? 머리에 뿔 같은 턱이 달려서 더 못되게 보이는 이 곤충은 사실 명주잠자리의 애벌레예요. 명주잠자리는 우리나라에서는 10종이 알려져 있는데 연구가 많이 부족한 실정입니다.

　"선생님, 이거 너무 무섭게 생겼어요."
　"맞아요. 머리에 뿔도 있고, 꼭 악마 같아요."
　올봄에는 초등학교 선생님들과 몇몇 아이들을 데리고 관악산으로 곤충 관찰을 갔습니다. 그때 가장 인기 있었던 것이 바로 개미귀신입니다. 개미귀신은 모양새가 예쁘다거나 귀여운 행동을 하는 곤충은 아닙니다. 생김새도 험악하고 성격도 참 거칠지요. 그 모습을 본 선생님들과 친구들은 눈살을 찌푸리면서도 한편으로는 신기해하더군요.
　거미나 나비의 애벌레도 한 끼 식사로 그만이지만 개미귀신은 이름 그대로 개미를 가장 좋아합니다. 녀석이 개미를 잡는 방법은 아주 독특합니다. 다른 곤충들처럼 직접 달려들어 다리를 휘두르거나 독침을 쏘지 않아요. 모래 언덕이나 나무 밑, 마른 흙더미에 구멍을 파서 함정을 만든 뒤 먹잇감이 빠지면 냉큼 먹어 치우지요.
　이 함정은 개미 등이 한 번 빠지면 헤어 나오지 못하는 까닭에 '개미지옥'이라고 불립니다. 개미지옥은 주위보다 모래나 흙 입자가 작고 부드럽기 때문에 한 번 들어가면 빠져나오기 힘듭니다. 함정에 빠진 개미가 벗어나려고 발버둥치면 칠수록 더 미끄러져 들

개미귀신(명주잠자리)
- 과명 : 풀잠자리목 명주잠자리과
- 먹이 : 개미, 거미 등
- 길이 : 약 10㎜
- 사는 곳 : 모래나 흙

나방을 잡아먹는 개미귀신

어가게 되어 있지요. 개미에게는 영락없이 죽음의 덫인 셈입니다.

단, 개미귀신은 개미가 구멍에 빠질 때까지 기다려야 합니다. 먹이가 떨어질 때까지 녀석은 구덩이 밑에서 톱날 같은 입을 내놓은 채 기다리고 또 기다립니다. 참을성 하나는 끝내주죠.

개미가 자주 떨어져 주면 좋겠지만, 그렇지 않은 경우도 있어서 개미귀신은 몇날 며칠 쫄쫄 굶기도 합니다. 건조한 땅에서 거의 몇 달 동안 먹이를 먹지 않아도 견딜 수 있다는 것이 그나마 다행이지요.

개미귀신은 한 번 걸려든 먹이는 죽어도 놓지 않아요. 함정에서 도망치려고 하면 개미한테 모래를 뿌리는 기술까지 선보이지요. 그러면 개미는 꼼짝 못 하고 다시 구덩이 속으로 떨어집니다.

개미귀신은 떨어진 개미에게 자신의 몸속에 있는 마취제를 쏘아 정신을 잃게 만듭니다. 그런 다음 개미의 체액을 빨아먹은 뒤 껍데기는 집 밖으로 던져 버립니다.

이런 행동은 천적에게 자신의 흔적을 남기지 않으려는 것입니다. 집 안에 먹고 난 음식 찌꺼기가 있으면 다른 곤충들이 냄새를 맡고 알아챌 수 있거든요.

이렇게 포악한 개미귀신도 시간이 지나면 완전히 다른 모습으로 변신합니다. 개미귀신으로 2년, 번데기로 보름을 지낸 뒤 어른벌레인 명주잠자리가 되는 것입니다. 명주잠자리는 겉보기에는 여느 잠자리와 모습이 다르지 않지만 비단같이 얇고 투명한 날개와 긴 더듬이가 특징입니다.

명주잠자리뿐만 아니라 애명주잠자리, 별박이명주잠자리의 유충도 모래

밭에 둥지를 만들고 숨어 있다가 함정에 걸리는 벌레류를 잡아먹습니다. 같은 종류이지만 왕명주잠자리와 알락명주잠자리는 둥지를 만들지 않고 모래 속에 사는 것으로 알려져 있습니다.

앞으로는 걸어 다니다가 죽은 개미들을 많이 보거든 자세히 살펴보세요. 그 밑에 개미귀신이 살고 있을 수 있으니까요.

명주잠자리, 누구냐 넌?

개미귀신이 자라 명주잠자리가 된다는 것은 언제 들어도 놀라운 일입니다. 명주잠자리는 무시무시하게 생긴 어린 시절과는 달리 참하고 곱게 생겼습니다.

명주잠자리는 다른 잠자리와 달리 뚜렷한 더듬이가 있습니다. 또 날개가 잠자리보다 맑고 투명하여 명주천을 연상시킵니다. 그래서 명주잠자리라는 이름이 붙은 거예요.

명주잠자리는 다른 잠자리에 비해 유연성이 떨어집니다. 일반적으로 6~10월에 나타나고 활동은 주로 밤에 합니다.

왕명주잠자리

다 덤벼! 침으로 쏘아 줄 테다

말벌

우리나라에는 7종의 말벌이 있습니다. 털보말벌, 말벌, 검정말벌, 황말벌, 꼬마장수말벌, 좀말벌, 장수말벌입니다. 종류에 따라 생김새도 조금씩 다르고, 공격력에도 차이가 납니다. 이 가운데 양봉장에 자주 날아와 큰 피해를 주는 말벌은 장수말벌입니다.

우리 주변에는 벌에 쏘이는 일이 부지기수로 일어납니다. 어떤 이들은 가만히 엎드리면 되지 않느냐고 하지만 그건 벌이 한두 마리였을 때 이야기예요. 벌집을 건드렸을 때는 벌집에서 200미터 이상 떨어진 곳으로 빠르게 도망가야 합니다.

더욱이 땅벌이나 말벌은 꿀벌과 달리 몇 번이고 계속해서 쏠 수 있고, 한 마리가 쏘기 시작하면 냄새가 퍼져 다른 벌들도 달려들기 일쑤죠. 말벌 가운데 독이 강한 종은 동물이나 사람의 목숨까지 위협할 정도입니다.

장수말벌은 말벌 중에서도 힘이 가장 세고, 독성도 아주 강해요. 단순히 한두 마리를 해치우는 것이 아니라 그 종족을 쑥대밭으로 만들기 때문에 꿀벌들이 벌벌 떨며 무서워하지요.

꿀벌뿐 아니라 다른 말벌들도 장수말벌의 공격을 받습니다. 특히 털보말벌은 장수말벌이 좋아하는 상대입니다. 털보말벌은 공격성으로 보면 장수말벌의 다음이지만, 개체수가 훨씬 많기 때문에 장수말벌이 만만히 볼 상대가 아닙니다. 그런데도 털보말벌 사냥을 즐긴다고 하니 장수말벌은 곤충계의 맹수라고 할 수 있죠.

말벌
- • 과명 : 벌목 말벌과
- • 먹이 : 꿀벌, 작은 곤충
- • 길이 : 15~48㎜
- 사는 곳 : 나무 밑, 처마 밑
- 같은 과 곤충 : 털보말벌, 장수말벌

말벌이 이렇게 사냥에 열을 올리는 데는 까닭이 있습니다. 원래 육식성인 말벌은 벌꿀이나 작은 곤충을 잡아 어린 새끼에게 먹여야 하거든요.

재미있는 것은 그런 자식들 덕에 어른 말벌도 도움을 받는다는 거예요. 쑥쑥 자라나는 어린이에게 단백질이 많이 필요하듯이 말벌의 애벌레에게도 단백질이 많이 필요합니다. 그래서 말벌은 단백질이 풍부한 곤충을 잡아 입으로 잘게 씹어서 애벌레에게 건네줍니다. 그리고 애벌레가 다 먹을 때까지 기다리죠. 배불리 먹은 애벌레의 뱃속에는 양질의 탄수화물이 액체 상태로 남아 있거든요. 말벌은 애벌레를 자극해 그 액체를 토해 내게 합니다. 그리고 그것을 맛나게 받아먹습니다. 가끔 별식으로 나무의 수액이나 꽃의 꿀을 먹기도 하지만 애벌레가 토해 낸 것을 더 좋아한다고 합니다.

말벌 앙케이트

우리나라에 사는 7종류의 말벌들에게 앙케이트를 하여 특징을 알아볼까요?

누가 제일 공격적일까?
장수말벌입니다. 성격도 포악하고 말벌들 가운데 가장 크기 때문에 감히 건들지 못합니다. 일벌이 25~37밀리미터, 여왕벌이 37~48밀리미터로 25밀리미터 안팎인 다른 말벌에 비해 초대형 크기입니다. 독성도 가장 강하고 침 길이도 1센티미터 가량 되기 때문에 어느 벌도 덤빌 생각을 하지 않아요.

집에 딸린 식구가 가장 많은 벌은?
털보말벌입니다. 둥지당 1,000~2,000마리가 산다고 합니다. 싸움이 일어나면 털보말벌은 많은 수를 이용해 승리를 차지합니다. 가장 식구가 적은 벌은 꼬마장수말벌로 50~80마리가 조촐하게 모여 삽니다.

장수말벌이 싸우는 모습

털보말벌 집

곤충 박사님이 들려주는 곤충 이야기
곤충과 벌레의 차이를 알고 싶어요

■ 곤충 박사님 ▶ 곤충의 '충' 자는 벌레 '蟲' 이야. 그러니까 모든 곤충은 벌레에 속하지. 하지만 모든 벌레를 곤충이라고 부르지는 않아. 사실 벌레라는 말은 학술적인 개념이 아닌 단순히 뭉뚱그려서 표현한 단어야. 곤충을 포함해서 동물 가운데 들짐승과 날짐승, 물고기를 빼고 몸이 아주 작은 모든 것들을 통틀어서 벌레라고 하지. 그럼, 어떤 게 곤충이고 어떤 게 곤충이 아닌지 좀 더 알아볼까?

곤충이라고 불리려면 다음 세 가지 조건을 갖춰야 해. 몸을 머리·가슴·배 세 부분으로 나눌 수 있어야 하고, 날개가 있어야 해. 마지막으로 다리가 3쌍이어야 하지.

그렇다면 왜 날개가 없는 개미는 곤충이라고 부르는 걸까? 사실 개미도 원래는 날개가 있었어. 그런데 시간이 흐르면서 별로 쓸모없어 퇴화된 것이지. 단, 수개미는 짝짓기 때 날개가 생긴단다.

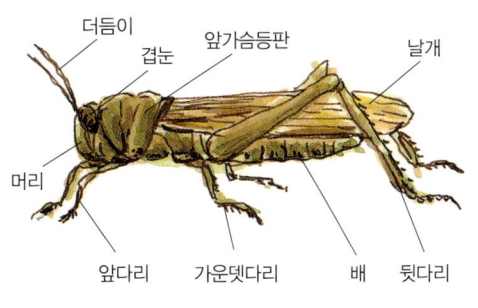

메뚜기의 구조

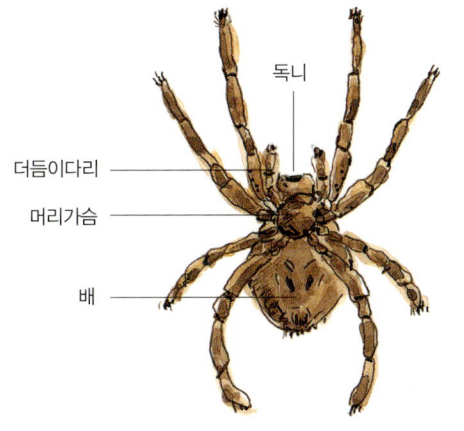

거미의 구조

그렇다면 곤충이 아닌데 곤충으로 착각하는 것에는 무엇이 있을까? 가장 먼저 거미를 들 수 있어. 거미의 몸은 머리가슴·배, 이렇게 두 부분으로 나뉜단다. 다리는 4쌍이지. 또 곤충에게 있는 날개와 더듬이가 없고, 눈도 곤충처럼 겹눈이 아닌 홑눈이야. 모든 면에서 곤충의 조건을 갖추지 못했지.

다리가 하나도 없는 지렁이 역시 곤충이 아니야. 다리가 엄청나게 많은 지네도 마찬가지지. 지네의 몸은 가늘고 길며 여러 개의 마디로 되어 있어. 또 몸의 각 마디마다 한 쌍의 다리가 있어. 다리의 수는 종류마다 다른데, 홍지네는 23쌍, 왕지네는 21쌍, 땅지네는 31~177쌍까지 있는 것도 있단다. 이 밖에도 노래기, 달팽이 등이 곤충으로 오해받곤 해.

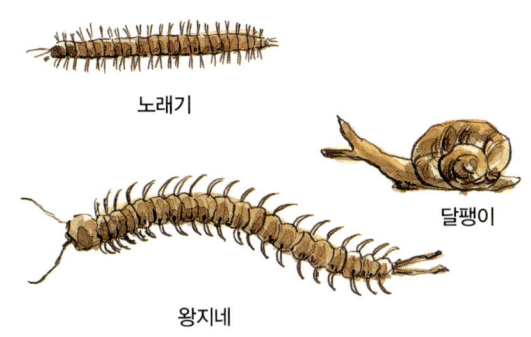

나도 미래의 곤충박사

내 손으로 곤충 키우기

채집한 곤충과 친구가 되고 싶다고요? 그러면 곤충과 같이 생활하는 것도 좋은 방법이 될 수 있어요. 자주 눈도 마주치고 먹이도 주다 보면 곤충의 습성도 이해할 수 있고, 친구도 될 수 있거든요.

곤충을 키우기 전에 키우고 싶은 곤충을 정하고 그에 대한 정보를 많이 알아야 해요. 그래야 적당한 집도 만들어 줄 수 있고, 좋아하는 먹이도 줄 수 있지요. 또 암컷과 수컷을 함께 기르면 알에서 성충이 되기까지의 모습을 관찰할 수 있어서 좋아요. 하지만 곤충을 자꾸 손으로 만지면 곤충이 스트레스를 받을 수 있으니 주의하세요.

내 손으로 곤충 키우기, 시작해 볼까요?

장수풍뎅이 기르는 방법

준비물 / 사육용기 (가로 30cm, 세로 30cm, 높이 30cm 정도) / 부엽토 / 참나무 토막 / 나뭇가지 / 과일이나 젤리

1 준비한 용기의 반 정도까지 부엽토와 참나무 토막 등의 깔개를 넣고, 두께 5센티미터, 길이 15센티미터 정도의 나뭇가지를 2~3개 넣어 둔다.

2 먹이는 인공수액, 벌꿀 및 과실, 젤리 등이 적당하다. 과실일 경우 당분이 많은 종류가 좋다.

3 먹이는 밤에 주도록 하고 복숭아처럼 물렁해지는 과일은 날마다 바꾸어 준다.

4 인공수액이나 벌꿀을 줄 경우, 탈지면에 흡수시켜 굵은 나뭇가지 틈에 놓아 둔다.

5 수분이 많은 먹이를 줄 때는 용기가 더러워지기 쉽기 때문에 자주 관리해 주어야 한다.

6장

이제는 사라져 가는
우리의 곤충들

무시무시한 물고기 살인자

물장군

물장군은 우리나라에 사는 노린재류 가운데 가장 큰 곤충입니다. 생김새는 물자라와 비슷합니다. 전세계적으로 100여 종이 살고 있다고 알려져 있는데, 우리나라에서는 환경오염 때문에 만나기 쉽지 않은 곤충입니다.

"이건 어떻게 키우는 거예요?"
제가 아는 어느 중학교 선생님께서 물장군을 가지고 오셨습니다. 물장군은 가끔 빛을 따라 날아가기도 하는데, 학교에서 새어 나오는 불빛을 보고 그리로 날아갔던 모양입니다. 워낙 크고 멋진 놈이라 저도 잘 키워 보고 싶은 마음이 생겼습니다.
물장군은 처음에는 먹이를 잡아먹고 잘 사는 듯하더니 시간이 지날수록 어항 밖으로 나가고 싶어 하는 눈치였습니다. 그러던 6월의 어느 화창한 밤, 집에 돌아와 보니 녀석이 죽어 있었습니다.
'물에 넣어 두었는데 왜 죽었을까? 천적이 있는 것도 아닌데……'
처음에는 의아해 고개만 갸웃거렸는데, 곰곰히 생각해 보니 이해가 갔습니다. 물장군은 물에 사는 곤충이지만 꼬리에 숨관이 있어서 이것을 물 밖으로 내밀어 공기 호흡을 해야 하거든요. 그런데 어항의 유리벽이 미끄러워 빠져나올 수 없었던 것입니다. 결국 저 때문에 귀한 생명 하나가 그렇게 세상을 떠난 것이지요. 마음이 무척 아팠습니다.
우리나라에 사는 노린재류 가운데 가장 큰 곤충인 물장군은 강

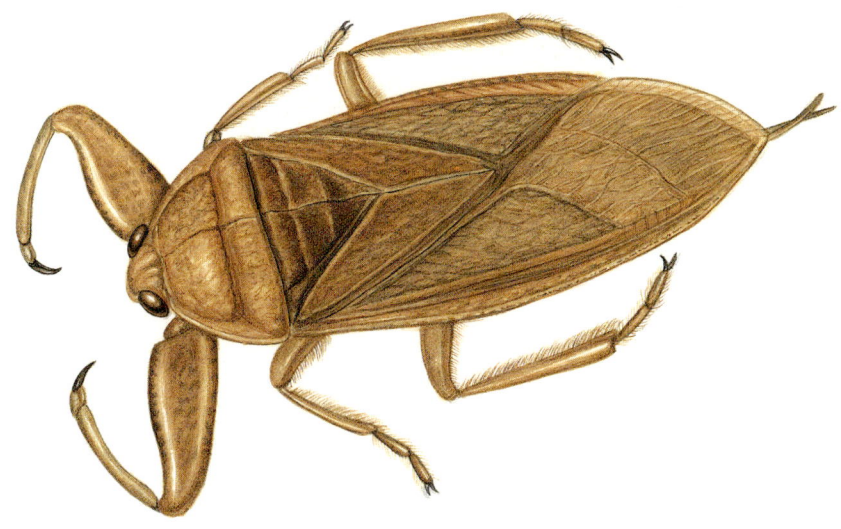

물장군
- 과명 : 노린재목 물장군과
- 먹이 : 개구리, 작은 물고기 등
- 길이 : 48~65㎜
- 사는 곳 : 늪이나 하천의 고인 물
- 같은 과 곤충 : 큰물자라, 물자라 등

먹이를 기다리는 물장군

력한 앞발로 먹잇감을 붙잡고 체액을 빨아먹는 물속의 폭군입니다. 피라미나 붕어 같은 물고기는 물론 개구리도 공격하는 대담한 녀석이지요.

물장군이 먹잇감을 공격하는 방법은 간단합니다. 풀을 베는 낫처럼 생긴 앞다리로 먹이를 낚아챈 뒤, 바늘 같은 주둥이로 눈이나 아가미 같은 연한 부위를 찔러 상대를 마비시키고 체액을 빨아먹습니다. 식성이 이렇다 보니 양어장에 물장군이 뜨면 비상이 걸립니다. 오죽하면 영문 이름이 '물고기 살인자(fishkiller)'로 붙여졌을까요.

그런데 물장군은 무시무시한 행동이나 이름과는 달리 자식 앞에서는 한없이 자상하고 부드러운 모습을 보입니다. 수컷이 특히 그렇습니다. 알 낳는 시기가 되면 암컷은 물 위로 나온 물풀이나 막대기에 70~80개의 알을 무더기로 낳아 놓습니다. 이 알들을 지키는 것은 수컷의 몫이지요.

수컷은 알에 수분이 필요하면 한밤중에 물 밖으로 나와 자신의 몸에 붙은 물방울로 수분을 공급해 줍니다. 또 암컷이 가까이 오면 물속에서 나와 몸 전체로 알을 감싸듯 보호합니다. 특이하게 물장군 암컷은 알만 낳고 나면 성격이 포악해져 알을 파괴하거나 먹어 버리기까지 하거든요. 심지어 수컷을 물어 죽이는 경우도 있습니다. 암컷이 수컷보다 덩치가 크고 힘도 세기 때문에 수컷이 암컷을 이기기가 쉽지 않지요.

만약 알을 잃어버리면 수컷은 다시 짝짓기를 해서 암컷이 낳은 알을 또 지킵니다.

 암컷은 짝짓기가 있은 다음 2~3일 뒤에 알을 낳습니다. 1회 평균 4~5개씩, 15회에 걸쳐 약 70개의 알을 낳습니다. 많게는 100~115개를 낳는 경우도 있습니다.

 포악하기로 유명한 물장군이지만, 자식을 아끼는 모습을 볼 때마다 '이 녀석이 정말 그 물장군일까?' 하는 생각이 듭니다. 그런데 이런 친구가 수질 오염 때문에 자꾸 줄어든다고 하니 너무나 안타깝습니다.

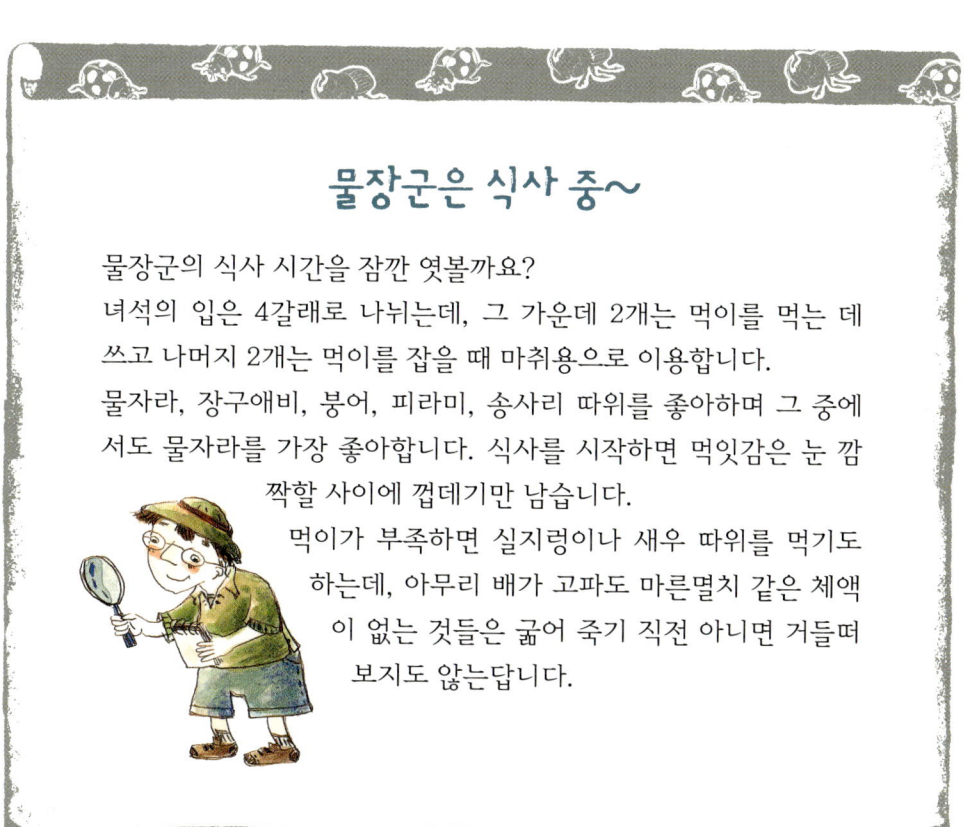

물장군은 식사 중~

물장군의 식사 시간을 잠깐 엿볼까요?
녀석의 입은 4갈래로 나뉘는데, 그 가운데 2개는 먹이를 먹는 데 쓰고 나머지 2개는 먹이를 잡을 때 마취용으로 이용합니다.
물자라, 장구애비, 붕어, 피라미, 송사리 따위를 좋아하며 그 중에서도 물자라를 가장 좋아합니다. 식사를 시작하면 먹잇감은 눈 깜짝할 사이에 껍데기만 남습니다.
먹이가 부족하면 실지렁이나 새우 따위를 먹기도 하는데, 아무리 배가 고파도 마른멸치 같은 체액이 없는 것들은 굶어 죽기 직전 아니면 거들떠보지도 않는답니다.

반짝반짝 고와라

비단벌레

　비단벌레는 30~40밀리미터로 작은 크기이지만, 화려함만큼은 누구에게도 뒤지지 않습니다.
　전체적으로 초록색 또는 금록색 빛이 나는데, 보면 볼수록 은은한 멋을 더합니다. 햇빛이 비치면 반짝거리는 모습이 보석 같다고 하여 보석딱정벌레라는 별명도 가지고 있습니다.

　몇 해 전, 곤충 교실에 갔을 때 한 학생에게 이런 질문을 받은 적이 있습니다.
　"곤충은 왜 이렇게 징그럽게 생겼어요? 예쁜 곤충은 없나요?"
　그때 학생들에게 보여 준 곤충이 나비와 비단벌레였습니다. 나비가 예쁜 것은 새로울 것이 없으니 다들 고개를 끄덕이더군요. 하지만 비단벌레에 대한 반응은 가히 폭발적이었죠. '우와', '예쁘다', '귀엽다' 등의 감탄사가 여기저기서 터져 나왔으니까요. 어떤 학생은 비단벌레를 갖고 싶다며, 어디에 가면 구할 수 있느냐고 제 옷소매를 붙들고 떼까지 쓰더군요. 예나 지금이나, 어른아이 할 것 없이 예쁜 것을 보면 가까이 두고 싶은 것이 사람의 마음인가 봅니다. 우리의 옛 선조들도 이 벌레를 참 좋아했습니다. 특히 꾸미는 것을 좋아하는 여성들 사이에서 인기가 많았죠.
　우리나라의 경우 경주의 신라시대 고분에서 비단벌레의 앞날개를 이용한 장식물이 발견되었고, 중국에서는 이 벌레에 금속 테두리를 둘러서 옷의 장신구로 사용했다고 전해집니다. 일본의 호류사(法隆寺)라는 절에서는 이 벌레의 껍데기로 장식장을 꾸몄다고

비단벌레
- 과명 : 딱정벌레목 비단벌레과
- 먹이 : 나무의 목질부
- 길이 : 25~40mm
- 사는 곳 : 소나무, 팽나무 등
- 같은 과 곤충 : 금테비단벌레, 소나무비단벌레 등

하네요. 지금도 그 일부가 전해지고 있는데, 이때 쓰인 비단벌레가 4,542마리라고 하니 입이 다물어지지 않습니다.

비단벌레는 인도차이나, 대만, 중국 남부 지방 등 열대지방에 많이 삽니다. 우리나라에는 87종만 보고되어 있습니다. 개인적으로는 우리나라에 사는 종이 가장 아름다워 보입니다.

애벌레는 벚나무나 팽나무, 감나무의 줄기에 기생하여 삽니다. 생활이나 습성에 대한 조사는 아직 이루어진 것이 거의 없어요. 3년 동안 약 100밀리미터 정도 자랄 것이라고 예상만 할 뿐이죠.

어른벌레는 7~9월에 모습을 나타내는데, 채집 기록을 보면 1923~1924년에 서울 남산에서 3개체, 1916년 수원과 1938년 전남 화순에서 각각 한 개체씩 채집되었다고 합니다.

현재 비단벌레는 농약 같은 환경오염 물질의 사용으로 그 개체수가 엄청나게 줄고 있어 보호 대상 곤충으로 지정되어 있는 상태입니다. 기껏해야 경상남도, 전라남도 및 제주도의 일부 지역에서만 녀석의 모습을 볼 수 있지요. 현재 전라북도 내장산을 보호지구로 지정해 관리하고 있습니다.

대개 비단벌레는 한여름 정오경에 활발하게 움직이는 것으로 알려져 있습니다. 그리고 해가 지면 나뭇잎에 앉아 꼼짝하지 않죠. 이른 새벽에 비단벌레가 있는 나무를 세게 치면 벌레는 저항도 못하고 땅으로 뚝 떨어집니다. 옛날 사람들도 이런 특성을 이용해 비단벌레를 잡지 않았을까요?

칡의 잎을 갉아먹고 있는 황녹색호리비단벌레

비단벌레는 천적으로부터 자신들을 보호하기 위해서 집단으로 모여 삽니다. 모여 있으면 나무 전체가 햇빛에 반사돼 조명처럼 빛이 납니다. 비단벌레의 천적인 새들은 그 빛에 깜짝 놀라 나무에 접근을 못 하게 되지요. 예전에 논밭에 반짝이는 은줄을 쳐 놓아 새를 쫓았던 것과 같은 이치입니다.

그러나 결국 반짝이는 외모 때문에 사람들에게 잡히고 말지요. 예뻐서 슬픈 곤충, 비단벌레는 오늘도 누군가의 손에서 그렇게 죽어가고 있는지도 모릅니다.

비단벌레는 불을 사랑해

비단벌레

비단벌레는 '불딱정벌레'라고 불리기도 해요. 불 난 숲에 뛰어드는 것을 좋아하거든요. 어떻게 보면 죽으려고 뛰어드는 것 같지만 그런 행동을 하는 데는 나름대로 까닭이 있습니다.

불에 탄 나무는 애벌레가 좋아하는 먹이거든요. 뜨거운 열 때문에 균이 모두 소독된 나무는 먹기도 편하고, 다른 벌레들과 경쟁하지 않아도 되니까요.

어른 비단벌레는 50킬로미터나 떨어진 곳에서도 불이 난 곳을 안다고 하니 그 감각을 따를 곤충이 있을까요? 더욱 신기한 것은 자신들이 좋아하는 나무에서 나는 연기와 다른 나무에서 나는 연기를 정확하게 구별할 수 있다는 점입니다.

나무 숲의 슬픈 전설

장수하늘소

장수하늘소는 우리나라 딱정벌레목 곤충 가운데 가장 큰 종입니다. 수컷은 다 자라면 10센티미터를 넘길 정도로 큽니다. 길고도 위엄 있게 뻗은 더듬이는 옛날 장군의 긴 콧수염을 연상시키고, 몸의 생김새나 빛깔은 감히 다른 하늘소들이 넘볼 수 없을 만큼 멋집니다. 이름에 장군이라는 뜻의 장수가 들어간 것도 그 때문입니다.

"뭐? 장수하늘소를 봤다고?"

2006년 여름, 광릉숲에서 친구로부터 걸려온 전화였습니다. 밤이 조금 늦은 시각이었는데, 장수하늘소를 봤다지 뭡니까. 이럴 수가! 장수하늘소를 보다니. 실은 전부터 꽤나 보고 싶었던 곤충인데, 만나기가 여간 어려운 것이 아니었습니다. 친구 역시 생각지도 못하게 만나서 몹시 흥분한 상태였습니다.

"갈 거면 미리 좀 얘기하지. 나 오늘 시간 많았는데."

친구의 계속되는 자랑에 괜히 심통을 부렸습니다. 그도 그럴 것이 장수하늘소는 우리나라에서 보기 힘든 희귀종이거든요. 예전부터 작정을 하고 몇 번 찾아 나선 적이 있었지만 번번이 헛걸음치기 일쑤였지요. 얼마나 귀하면 나라에서 천연기념물로 지정했겠어요.

현재 장수하늘소가 살고 있는 지역은 광릉과 소금강 부근입니다. 서어나무, 신갈나무, 물푸레나무 등 오래되고 커다란 나무가 많은 울창한 숲에 살고 있습니다. 예전에는 춘천이나 화천, 북한산

장수하늘소
- 과명 : 딱정벌레목 하늘소과
- 먹이 : 나무 진
- 길이 : 65~110㎜
- 사는 곳 : 울창한 활엽수림
- 같은 과 곤충 : 알락하늘소, 버들하늘소 등

에서도 볼 수 있었는데 수풀이 파괴되면서 요즘에는 발견 기록이 거의 없는 형편입니다.

　어른벌레는 여름철인 7~8월에 주로 나오고, 암컷은 활엽수 줄기 틈새에 100여 개 정도의 알을 낳는데 젊고 튼튼한 나무에는 낳지 않습니다. 늙고 병들어 말라 죽었거나 죽기 직전의 나무 줄기에 낳지요. 장수하늘소는 나무 속을 주로 먹기 때문에 나무 조직이 약한 오래된 나무에 알을 낳아야 애벌레들이 먹기 편하거든요.

　알에서 깨어난 애벌레는 나무줄기 속으로 터널을 파듯이 뚫고 들어갑니다. 그 속에서 3~5년 동안 유충으로 지내기 위해서예요. 그러나 이 기간이 가장 위험합니다. 대부분의 유충이 병에 걸리거나 천적의 공격을 받아 죽고 마니까요. 이런 까닭에 장수하늘소를 만나기가 어려운 것이기도 합니다.

　어렵게 어른벌레가 된다고 해도 위험은 여전히 존재합니다.

주로 밤에 활동하는 장수하늘소는 버릇처럼 빛을 향해 날아가곤 합니다. 근처에 불 밝힌 곳이 있으면 앞뒤 잴 것 없이 좋아하며 날아갔다가 위험에 처하는 것이지요. 특히 달리는 자동차의 불빛은 장수하늘소에게 더없이 위험한 대상입니다.

　몇 해 전 강원도로 곤충 조사를 떠난 적이 있습니다. 춘천 추곡약수 근처에서 장수하늘소 기념비를 보았습니다. 그러나 드물게 발견되는 녀석들의 수만큼이나 기념비를 바라보는 사람이 없었습니다. 게다가 비석 가장자리에는 분필로 낙서까지 되어 있었습니다. 낙서를 만지작거리는 동안 마음이 참 쓸쓸했습니다.

언제쯤 저는 이 녀석을 만나 볼 수 있을까요? 주변 환경이 많이 좋아져서 어느 누구나 장수하늘소를 쉽게 보는 날이 빨리 왔으면 좋겠습니다.

장수하늘소 수몰 사건

1967년, 춘천에는 소양강댐이 세워졌습니다. 소양강 댐은 우리나라에서 가장 큰 댐으로 많은 사람들의 주목을 받았지요. 그러나 이로 인해 많은 것이 물에 잠겼습니다. 주변의 6개 면과 38개 동이 저수지로 바뀐 것입니다.

장수하늘소의 서식지로서 1962년에 천연기념물로 지정되었던 추전리 숲도 그때 물에 잠겼습니다. 멋진 모습을 뽐내던 장수하늘소도, 나무 속에서 어른벌레가 되길 꿈꾸던 애벌레들도 모두 사라지고 말았지요.

장수하늘소

장수하늘소는 그렇게 춘천 일대에서 사라져 버렸고 개체도 많이 줄었습니다. 더 이상 보호하지 않으면 멸종할 거라는 위기감이 생겼고, 장수하늘소는 1968년에 천연기념물 제218호로 지정되었습니다. 환경부는 1998년에 장수하늘소를 멸종 위기종으로 지정했습니다.

제주도에만 살아요

두점박이사슴벌레

　두점박이사슴벌레는 우리나라에서는 제주도에서만 발견되는 희귀종입니다. 그러나 1970년 제주도가 국립공원으로 개발되면서 점점 살 곳을 잃게 되었죠. 지금은 멸종 위기종으로 지정되었습니다. 색이 아름답고 윤기가 흘러서 곤충수집가들이 갖고 싶어 하는 곤충이기도 합니다.

　친구가 흥미로운 기사를 발견했습니다.
　"두점박이사슴벌레가 나타났대."
　"정말?"
　"사실이라니까. 이것 봐. 그것도 주택가로 날아들었대."
　2004년 7월, 제주도 주택가에서 두점박이사슴벌레가 발견되었다는 기사였습니다.
　어느 유치원 교사가 자녀들과 유치원 정원에서 밤에 활동하는 곤충을 채집하던 중 이 녀석들을 발견했다고 합니다. 발견 시각은 오후 9시경으로 암컷 2마리가 날아들었다고 하더군요.
　곤충 2마리 발견한 게 뭐 대단한 일이냐고 할 수 있지만, 그만큼 두점박이사슴벌레는 만나기 힘든 귀한 녀석입니다.
　1969년 한라산 기슭의 관음사라는 절에서 1마리가 잡히고, 1990년 개원교에서 1마리가 잡힌 것 말고는 산 채로 잡힌 것은 그것이 처음인 걸로 알고 있습니다.
　유치원 교사 역시 두점박이사슴벌레를 발견하고 무척 놀랐겠지요? 이 사슴벌레들은 다음날 제주민속자연사박물관에 기증됐다고

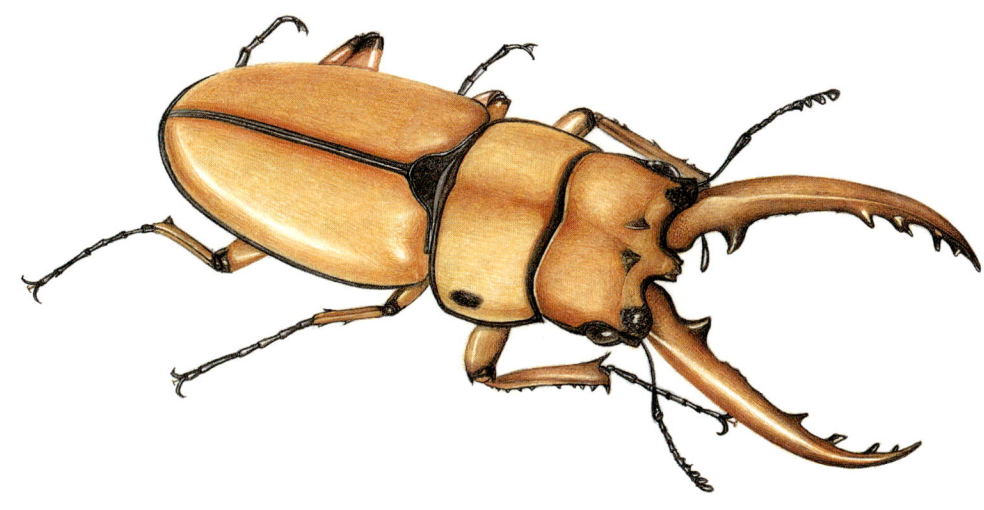

두점박이사슴벌레
- ● ● 과명 : 딱정벌레목 사슴벌레과
- ● ● 먹이 : 나무 진
- ● ● 길이 : 22~45㎜
- ● 사는 곳 : 제주도
- ● 같은 과 곤충 : 톱사슴벌레, 넓적사슴벌레

하는데, 그 뒤로 어떻게 되었을지 궁금하네요.

두점박이사슴벌레는 대만이나 네팔 등 아시아의 아열대 지역에서 드물게 발견되고, 우리나라에서는 제주도에서만 발견되는 희귀종입니다.

앞가슴판 양쪽에 점 두 개가 또렷이 보이기 때문에 두점박이사슴벌레라고 불리지요. 크기는 수컷이 4.7~6.0센티미터, 암컷이 2.4~3.4센티미터 정도이고, 어른벌레는 6~8월에 주로 활동합니다.

두점박이사슴벌레는 몸 색깔이 갈색이고 가장자리에 흑색 테두리가 있습니다. 사슴뿔 같은 턱이 유난히 발달되어 있는데, 큰 턱에는 다섯 쌍의 이빨이 있어 싸우기에 유리합니다. 물리면 피가 날 만큼 두점박이사슴벌레의 이빨은 날카롭고 단단하지요.

두점박이사슴벌레는 튼튼한 이빨로 활엽수의 나무껍질을 베어 낸 다음 흘러나오는 나무 진을 먹고 삽니다.

짝짓기 시기나 부화일수에 대해서는 알려진 것이 없습니다. 사는 기간도 톱사슴벌레와 비슷할 거라는 말이 있는데 확실하지는 않고요. 이렇듯 두점박이사슴벌레는 아직도 수수께끼에 가려져 있는 곤충입니다.

더구나 서식지 파괴로 두점박이사슴벌레와의 만남이 점점 더 줄어들고 있어 걱정입니다.

두점박이사슴벌레의 주요 서식지는 제주도 한라산입니다. 한라산은 1970년 국립공원으로 개발되면서 중턱까지 도로가 생기고 나무들도 많이 베어졌습니다. 사람도 끊임없이 드나들어 조용한 숲 속 생활을 즐기던 곤충들이 스트레스를 받기 시작했죠.

1990년대 말에는 한라산에 골프장을 세우겠다는 계획이 발표되기도 했습니다. 골프장이 생기면 많은 나무가 잘려 나가는 것은 물론이고, 잔디를 잘 가꾸기 위해 제초제와 살충제를 엄청나게 많이 뿌려야 합니다. 그러면 곤충들의 삶도 안전할 수 없습니다. 어쩌면 두점박이사슴벌레를 비롯한 많은 곤충들을 만나지 못하게 될지도 모르지요. 그런 슬픈 날이 오지 않기를 간절히 바랄 뿐입니다.

싸워라, 이길 것이다!

사슴벌레 사회에서 싸움은 일상생활이에요. 수컷은 먹이나 암컷을 서로 차지하기 위해 뿔처럼 보이는 턱으로 겨룹니다.

무는 것은 기본이고 턱으로 상대방을 들어올렸다가 내던지기도 합니다. 이 모습은 우리나라의 씨름을 보는 것 같아 재미있어요.

싸움은 금세 끝납니다. 덩치가 비슷하다면 싸움이 조금 길어지지만, 대부분 금방 끝나 버립니다. 싸움에서 진 녀석은 먹이도, 암컷도 깨끗이 포기합니다.

암컷들도 힘 겨루기를 합니다. 알 낳기 좋은 장소를 차지하기 위해서지요. 암컷은 턱이 작지만 수컷보다 오랜 시간 치열하게 싸웁니다.

넓적사슴벌레

작고 귀엽고 소중하여라

꼬마잠자리

우리나라에서 가장 작은 잠자리로 알려져 있는 꼬마잠자리는 오백 원짜리 동전으로 가려질 만큼 크기가 작습니다. 게다가 수컷은 작은 고추잠자리처럼 빨갛고, 암컷은 알록달록하여 그 모습이 귀엽기까지 하지요.

"꼬마야, 안녕?"
"나 꼬마 아니에요. 나도 이름이 있단 말이에요."
동네에서 자주 만나는 초등학생에게 인사를 건넸다가 혼이 난 적이 있습니다.
어린 친구의 냉랭한 반응에 말을 잘못 꺼냈다는 것을 알았지요. 작고 귀여워서 '꼬마'라고 했을 뿐인데 아이는 제가 자기를 어리다고 무시한 것으로 받아들였나 봅니다.
생각해 보니 저도 어릴 적에 어리다고 무시하는 듯한 말을 들으면 무척 싫었던 기억이 납니다. 어른이 되어서 당시 일을 까먹고 있었지만 이 친구 덕에 다시 떠올리게 됐습니다.
그런데 어른이 되어서도 키가 작은 꼬마잠자리는 어떨까요? 다른 잠자리들로부터 꼬마라고 놀림을 받지는 않을까요?
이름대로 녀석의 크기는 참 작습니다. 배 길이가 10~14밀리미터, 뒷날개 길이 13~15밀리미터 정도입니다. 백 원짜리 동전과 비슷하고, 오백 원짜리 동전으로는 날개까지 가릴 수 있어요.
이들은 해발 1,000미터 이상의 고지대 습지에 사는 것으로 알려져 있습니다. 우리나라에서는 1957년 8월 속리산 법주사 근처에서

꼬마잠자리
- ● ● 과명 : 잠자리목 잠자리과
- ● ● 먹이 : 하루살이, 각다귀 등
- ● ● 길이 : 10~14㎜
- ● 사는 곳 : 늪가
- ● 같은 과 곤충 : 밀잠자리, 고추잠자리

꼬마잠자리의 짝짓기

처음으로 채집되었다고 해요. 그리고 그 뒤 월악산에서 발견되었다고 합니다.

첫 발견 이후 오랜 기간 동안 발견되지 않아 꼬마잠자리는 매우 희귀한 존재로 여겨져 왔습니다. 그런데 요즘 들어 지리산에 이어 전남 강진과 거창 그리고 경남 산청과 양산 등 서식지가 하나둘 늘어나고 있다는 소식에 한시름 놓은 상태입니다.

꼬마잠자리가 사람들의 시선을 끄는 데는 겉모습이 한몫합니다. 다 큰 수컷의 경우에는 눈 주변과 몸 전체가 붉어서 꼭 고추잠자리의 축소판 같아요. 그에 비해 암컷은 배 부분에 갈색 바탕에 미색과 검은색 가로줄 무늬가 있어 알록달록합니다. 색깔만으로도 암컷과 수컷을 구별할 수 있지요.

꼬마잠자리는 몇 가지 특징이 있어요. 대낮에는 체온을 조절하기 위해 풀 끝에서 마치 물구나무를 서는 것처럼 배를 하늘 높이 쳐듭니다. 또 짝짓기가 끝나면 암컷은 혼자서 늪이나 물이 많은 논 따위를 돌아다니다 물을 스치듯 지나가면서 알을 낳습니다.

어린벌레의 길이는 8~9밀리미터 정도이고, 날개를 편 뒤 15~20일이 지나야 다 자란 꼬마잠자리가 됩니다.

성충은 5월 하순에서 10월 초까지 활동하는데 따뜻한 지방에서는 봄, 추운 지방에서는 여름에 볼 수 있습니다. 크기가 작아 땅에서 약 30센티미터 정도 높이로 낮게 비행하죠. 꼬마잠자리는 움직임이 느리기 때문에 적에게 쉽게 걸립니다. 날아다닐 수 있는 거리도 퍽 좁습니다. 날갯짓을 기껏해야 몇 번밖에는 못하니까요.

이런 모습을 볼 때마다 저는 '작은 고추가 더 맵다'라는 속담을 떠올리곤 합니다.

이 말은 작은 사람이 큰 사람보다 일을 야무지게 잘한다는 뜻으로, 꼬마잠자리에게 어울리는 말은 아니에요. 오히려 너무나 순해서 걱정인 꼬마잠자리가 속담처럼 단단하고 야무진 잠자리가 되어 주었으면 하는 바람에서 하는 말이랍니다. 꼬마잠자리가 천적들과의 싸움에서 멋지게 싸워 이기는 모습을 꼭 보고 싶습니다.

우리나라에서 가장 큰 잠자리

우리나라에서 가장 큰 잠자리는 장수잠자리입니다. 수컷은 배 길이가 60~70밀리미터, 뒷날개 길이가 53~58밀리미터입니다. 또 암컷은 배 길이가 75~85밀리미터, 뒷날개 길이가 60~65밀리미터입니다. 장수잠자리는 7월부터 9월까지 볼 수 있는데, 암컷은 짝짓기가 끝나면 홀로 물 흐름이 느리고 수심이 깊지 않은 여울에서 알을 낳지요.

유충은 몸 길이 40~60밀리미터로, 다 자란 꼬마잠자리보다도 더 큽니다.

몸 빛깔은 진한 갈색 바탕에 검은색 반점이 있고, 유충 기간은 3년으로 긴 편입니다. 유충은 우화 시기가 되면 육지로 올라가 10일 넘게 생활하다가 풀 줄기 따위에 거꾸로 매달린 채 날개를 펴는 우화를 하죠. 그 뒤 근처의 낮은 산으로 올라가 생활하다가 다 자라면 물가로 내려옵니다.

장수잠자리

곤충 박사님이 들려주는 곤충 이야기
누가누가 깨끗한 곳에 사나?

■ **곤충 박사님** ▶ 물에 사는 생물들을 보면 그 물이 얼마나 깨끗하고 맑은지 알 수 있어. 곤충만 봐도 그렇지. 맑고 투명한 계곡물을 좋아하는 곤충이 있는가 하면 탁하고 지저분한 물에서 잘 헤엄쳐 다니고 튼튼하게 자라는 곤충들도 있으니까. 누가 어느 물에서 잘 살아가는지 한 번 볼까?

1급수에 사는 곤충

오염되지 않은 깨끗한 물을 1급수라고 해. 이 물은 우리가 마실 수도 있어. 이렇게 깨끗한 1급짜리 물에서는 강도래애벌레랑 광택날도래애벌레 그리고 하루살이애벌레가 살고 있어.

2급수에 사는 곤충

우리가 집에서 사용하는 수돗물 있지? 그게 바로 2급수야. 세수와 샤워 또는 설거지를 할 수 있고, 과일과 야채를 씻어 먹어도 돼. 하지만 수돗물을 그냥 먹으면 배탈이 날 수도 있으니까 꼭 끓여 마시도록! 이런 2급짜리 물에서는 뱀잠자리애벌레, 여울벌레, 물삿갓벌레, 먹파리애벌레, 깔따구(흰색) 등이 살고 있단다.

3급수에 사는 곤충

3급짜리 물은 절대로 마시면 안 돼. 수돗물로는 부적합하여 주로 공장에서 이용하고 있으니까. 그래도 이 물이 좋아서 잘 살고 있는 곤충들이 있지. 바로 장구애비, 물장군, 소금쟁이, 잠자리애벌레 들이야.

4급수에 사는 곤충

4급짜리 물 역시 수돗물로 사용하기에는 적합하지 않아. 이 물에 오랫동안 닿으면 피부병이 생길 수 있거든. 여기서 살아가는 곤충들로는 나방파리애벌레, 장구벌레, 깔따구(붉은색) 등이 있어.

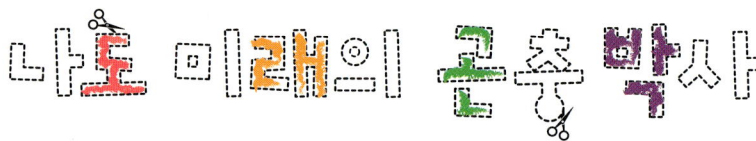

종이로 곤충 모양 접기

종이 한 장을 이리 접고, 저리 뒤집고 하다 보면 어느새 귀여운 곤충으로 변신~.
징그럽다고 곤충을 손에 못 대던 친구도, 하루 종일 심심해서 뒹굴거리던 친구도 모두 모여서 종이로 곤충을 접어 봐요. 친구들과 여러 가지 곤충을 접어서 연극놀이를 하면 더욱 재미있답니다.

매미를 접어 보자

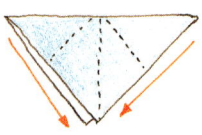
1 종이를 아래로 접은 다음, 양쪽에 난 점선을 중앙 점선에 맞춰 접어 줍니다.

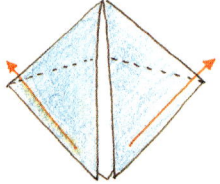
2 그림과 같이 어슷하게 위로 접어 올립니다.

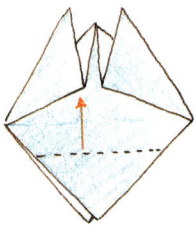
3 위의 한 장을 3/1 지점에서 위로 접어 줍니다.

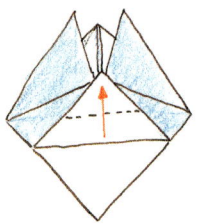
4 아랫부분을 점선에 맞게 접어 올립니다.

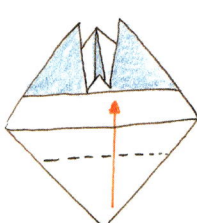
5 뒷장을 접어 안으로 넣습니다.

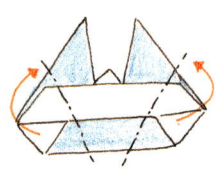
6 점선대로 뒤로 접습니다.

7 180도 회전한 후 위의 모서리를 바깥으로 꺾습니다.

8 그림과 같이 매미의 눈을 그려 넣으면 완성~

나비를 접어 보자

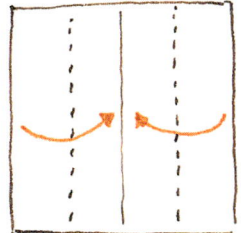
1 중심선에 맞추어 접습니다.

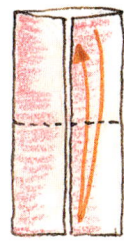
2 세로로 반을 접었다 폅니다.

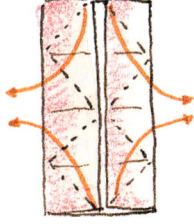
3 그림의 점선대로 접었다 편 후, 화살표 방향대로 접습니다.

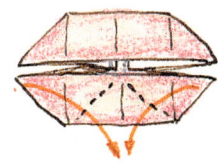
4 아래쪽 양끝을 아래로 접습니다.

5 위의 머리 부분을 뒤로 꺾어 접습니다.

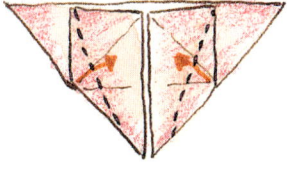
6 점선에 따라 안쪽으로 접습니다.

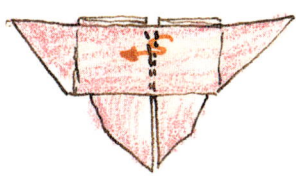
7 뒤집어서 점선의 모양대로 왼쪽으로 접습니다.

8 다시 오른쪽으로 접어 중간 부분이 튀어 나오도록 하면 완성~

찾아보기

강도래애벌레 149
개똥벌레 95
개미지옥 114
개벼룩 55~56
고마로브집게벌레 81, 83
골리앗꽃무지 71
광택날도래애벌레 149
기생벌 69
기생파리 69
깔따구 149
꼬마뿔노린재 27
꼬마잠자리 88, 144~147
꿀벌 20~23, 53, 84, 118
나방파리애벌레 149
늦반딧불이 92~93
대벌레 71
동충하초 44~45
두눈박이쌍살벌 85~87
두점박이사슴벌레 140~143
뒤영벌 112~113
등검정쌍살벌 85~87
땅벌 106
말매미 28~29

말벌 71, 84~85, 106, 118~121
먹파리애벌레 149
명주잠자리 114, 116~117
모기 50~53
못뽑이집게벌레 81~82
무당벌레 32, 34~35
물삿갓벌레 149
물자라 76~79, 128, 131
물장군 77, 128~131, 149
민집게벌레 81~82
방귀벌레 105
뱀잠자리애벌레 149
뱀허물쌍살벌 86
벼룩 54~57
벼메뚜기 66~69
별쌍살벌 85~86
불완전탈바꿈 15
비단벌레 47, 71, 132~135
뿔노린재 26~27
뿔쇠똥구리 36~39
사마귀 68, 99
산바퀴 58~59
소금쟁이 149
쇠똥구리 36~39
쌍살벌 84~87
알락명주잠자리 117
알렉산드라비단제비 71
알벌 71

애매미 28~31
애반딧불이 90~92
애수시렁이 62~64
양봉꿀벌 21
어리호박벌 20
얼룩날개모기 51~52
에사키뿔노린재 27
여울벌레 149
열점박이노린재 25
완전탈바꿈 97, 113
왕파리매 106~108
운문산반딧불이 92, 95
이질바퀴 58~60
작은꿀벌 22
작은빨간집모기 52
잠자리애벌레 149
장구애비 131, 149
장수말벌 118, 121
장수잠자리 88, 147
장수하늘소 136~139
재래꿀벌 21~22
좀집게벌레 81, 83
진딧물 32
참매미 28~29, 31
칠성무당벌레 33~34
큰꿀벌 22
털매미 27~28
폭탄먼지벌레 102~105
푸토니뿔노린재 26

곤충이야기

알고 보면 더 재미있는

우리나라에는 어떤 곤충들이 살고 있을까?
그 곤충은 무얼 먹고 어떻게 살아갈까?
세밀화 카드로 우리 땅 곤충들과 친구가 되어 보자!

※점선을 따라 자르면 한 손에 쏘옥~ 쓸모 많은 세밀화 카드가 돼요.   뜨인돌어린이

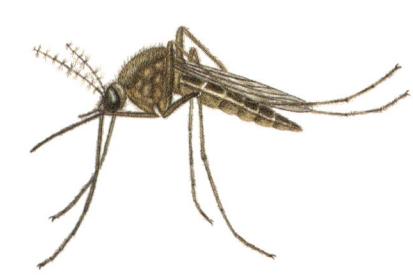

꿀벌
- ● 과명 : 벌목 꿀벌과
- ● 종류 : 양봉꿀벌, 재래꿀벌 등
- ● 먹이 : 꽃가루, 꿀
- ● 길이 : 13~17㎜
- ● 사는 곳 : 나무나 바위 틈

참매미
- ● 과명 : 매미목 매미과
- ● 먹이 : 나무수액
- ● 길이 : 몸길이 수컷 30㎜, 암컷 26㎜
- ● 사는 곳 : 들판, 숲
- ● 같은 과 곤충 : 털매미, 유지매미, 말매미 등

열점박이노린재
- ● 과명 : 노린재목 노린재과
- ● 먹이 : 식물, 작은 곤충
- ● 길이 : 1.1~65㎜
- ● 사는 곳 : 산지
- ● 같은 과 곤충 : 풀색노린재, 광대노린재 등

뿔쇠똥구리
- ● 과명 : 딱정벌레목 쇠똥구리과
- ● 먹이 : 가축의 똥
- ● 길이 : 7~11㎜
- ● 사는 곳 : 들판
- ● 같은 과 곤충 : 왕쇠똥구리, 긴다리쇠똥구리 등

칠성무당벌레
- ● 과명 : 딱정벌레목 무당벌레과
- ● 먹이 : 진딧물
- ● 길이 : 3~13㎜
- ● 사는 곳 : 들이나 산
- ● 같은 과 곤충 : 남생이무당벌레 등

집모기
- ● 과명 : 파리목 모기과
- ● 먹이 : 동물과 사람 피 등
- ● 길이 : 4~11㎜
- ● 사는 곳 : 집, 풀숲 등
- ● 같은 과 곤충 : 빨간집모기, 중국얼룩날개모기 등

바둑돌부전나비
- ● 과명 : 나비목 부전나비과
- ● 먹이 : 진딧물
- ● 길이 : 앞날개 길이 23~24㎜
- ● 사는 곳 : 산지, 대나무 숲
- ● 같은 과 곤충 : 푸른부전나비, 범부전나비 등

산바퀴
- ● 과명 : 바퀴목 바퀴과
- ● 먹이 : 음식, 종이, 비듬 등 잡식
- ● 길이 : 10~40㎜
- ● 사는 곳 : 집, 야외
- ● 같은 과 곤충 : 이질바퀴, 먹바퀴, 집바퀴 등

개벼룩
- ● 과명 : 벼룩목 벼룩과
- ● 먹이 : 동물의 피
- ● 길이 : 2~4㎜
- ● 사는 곳 : 동물의 몸
- ● 같은 과 곤충 : 사람벼룩, 열대쥐벼룩 등

벼메뚜기
- ● 과명 : 메뚜기목 메뚜기과
- ● 먹이 : 벼 등의 식물
- ● 길이 : 30~38㎜
- ● 사는 곳 : 논, 밭
- ● 같은 과 곤충 : 섬서구메뚜기, 방아깨비 등

애수시렁이
- ● 과명 : 딱정벌레목 수시렁이과
- ● 먹이 : 동물 사체, 곡식 등
- ● 길이 : 2~5㎜
- ● 사는 곳 : 집 안이나 창고
- ● 같은 과 곤충 : 홍띠수시렁이, 알락수시렁이 등

고마로브집게벌레
- ● 과명 : 집게벌레목 집게벌레과
- ● 먹이 : 작은 곤충의 알이나 번데기
- ● 길이 : 20~36㎜
- ● 사는 곳 : 집 주변, 산비탈 등 다양
- ● 같은 과 곤충 : 못뽑이집게벌레, 민집게벌레, 좀집게벌레 등

물자라
- ● 과명 : 노린재목 물장군과
- ● 먹이 : 작은 물고기, 올챙이 등
- ● 길이 : 17~20㎜
- ● 사는 곳 : 하천, 호수의 잔잔한 물
- ● 같은 과 곤충 : 각시물자라, 물장군 등

깃동잠자리
- ● 과명 : 잠자리목 잠자리과
- ● 먹이 : 모기, 하루살이 등
- ● 길이 : 1~15㎜
- ● 사는 곳 : 물가
- ● 같은 과 곤충 : 고추잠자리, 된장잠자리 등

등검정쌍살벌
- ● 과명 : 벌목 말벌과
- ● 먹이 : 나비 등의 애벌레
- ● 길이 : 10~23㎜
- ● 사는 곳 : 낮은 산지
- ● 같은 과 곤충 : 두눈박이쌍살벌, 별쌍살벌 등

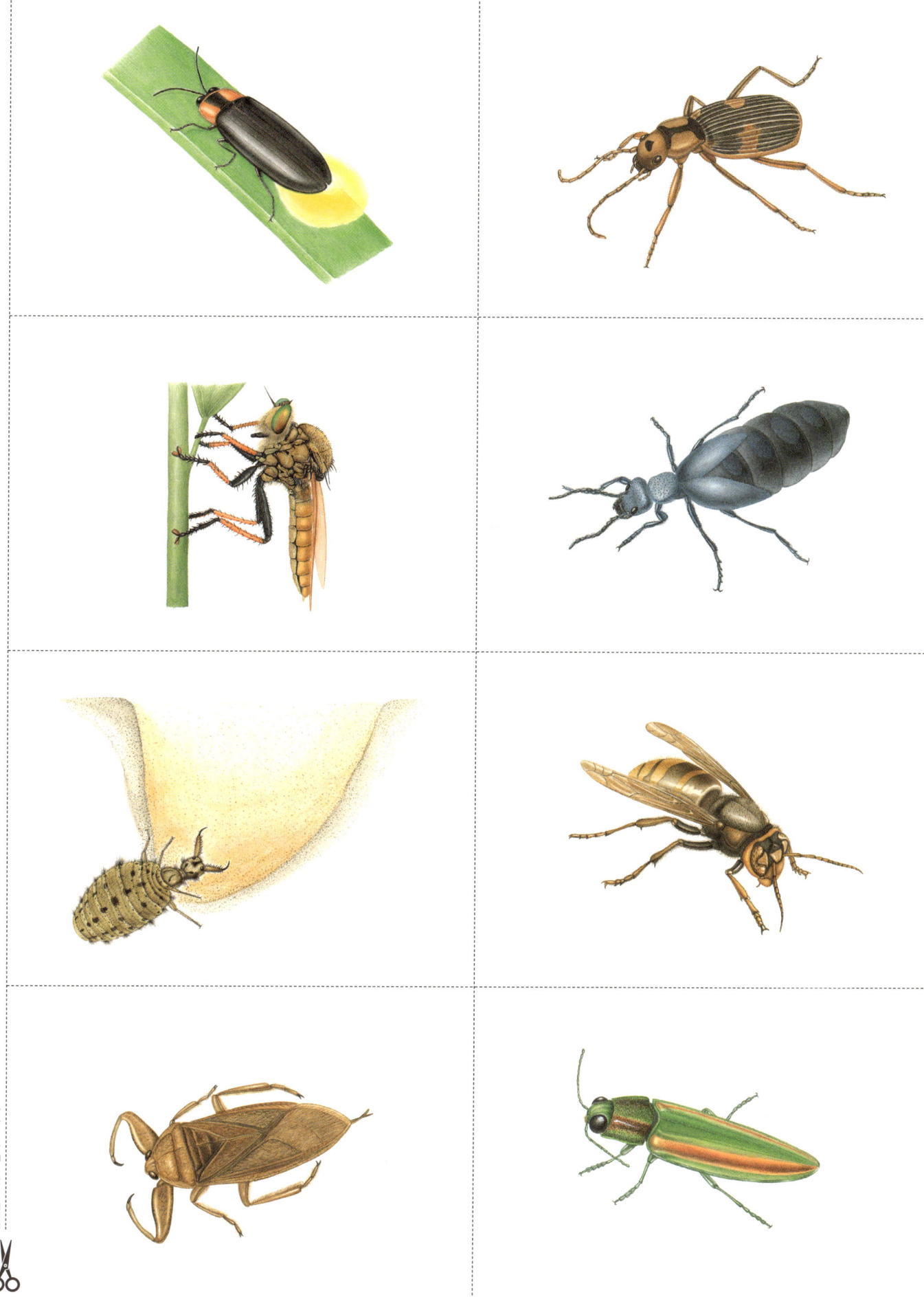

폭탄먼지벌레
- 과명 : 딱정벌레목 폭탄먼지벌레과
- 먹이 : 작은 곤충
- 길이 : 11~18mm
- 사는 곳 : 호수나 개천 주변
- 같은 과 곤충 : 남방폭탄먼지벌레, 목가는먼지벌레

애반딧불이
- 과명 : 딱정벌레목 반딧불이과
- 먹이 : 달팽이, 우렁이
- 길이 : 8~20mm
- 사는 곳 : 냇가, 산기슭
- 같은 과 곤충 : 늦반딧불이 등

남가뢰
- 과명 : 딱정벌레목 가뢰과
- 먹이 : 풀 등
- 길이 : 11~30mm
- 사는 곳 : 풀밭
- 같은 과 곤충 : 청가뢰, 먹가뢰 등

왕파리매
- 과명 : 파리목 파리매과
- 먹이 : 벌, 파리 등
- 길이 : 20~28mm
- 사는 곳 : 숲, 풀밭, 개울가 등
- 같은 과 곤충 : 검정파리매, 광대파리매 등

말벌
- 과명 : 벌목 말벌과
- 먹이 : 꿀벌, 작은 곤충
- 길이 : 15~48mm
- 사는 곳 : 나무 밑, 처마 밑
- 같은 과 곤충 : 털보말벌, 장수말벌

개미귀신(명주잠자리)
- 과명 : 풀잠자리목 명주잠자리과
- 먹이 : 개미, 거미 등
- 길이 : 약 10mm
- 사는 곳 : 모래나 흙

비단벌레
- 과명 : 딱정벌레목 비단벌레과
- 먹이 : 나무의 목질부
- 길이 : 25~40mm
- 사는 곳 : 소나무, 팽나무 등
- 같은 과 곤충 : 금테비단벌레, 소나무비단벌레 등

물장군
- 과명 : 노린재목 물장군과
- 먹이 : 개구리, 작은 물고기 등
- 길이 : 48~65mm
- 사는 곳 : 늪이나 하천의 고인 물
- 같은 과 곤충 : 큰물자라, 물자라 등

두점박이사슴벌레
- ● 과명 : 딱정벌레목 사슴벌레과
- ● 먹이 : 나무 진
- ● 길이 : 22~45㎜
- ● 사는 곳 : 제주도
- ● 같은 과 곤충 : 톱사슴벌레, 넓적사슴벌레

장수하늘소
- ● 과명 : 딱정벌레목 하늘소과
- ● 먹이 : 나무 진
- ● 길이 : 65~110㎜
- ● 사는 곳 : 울창한 활엽수림
- ● 같은 과 곤충 : 알락하늘소, 버들하늘소 등

memo

꼬마잠자리
- ● 과명 : 잠자리목 잠자리과
- ● 먹이 : 하루살이, 각다귀 등
- ● 길이 : 10~14㎜
- ● 사는 곳 : 늪가
- ● 같은 과 곤충 : 밀잠자리, 고추잠자리

memo

memo

memo

memo